Kalte Platten
Alles fürs Büfett

Kalte Platten
Alles fürs Büfett

Text: Gudrun Ruschitzka
Rezeptfotos: Jörn Rynio

Inhalt

Immer gut: Fingerfood 6
Aus der Hand in den Mund, so schmeckts am besten! Tacos, Wraps und Sushi machen Lust auf mehr.

Salate & Antipasti 36
Auf jedem Büfett zu Hause und immer heiß begehrt: Cäsarsalat, Tsatsiki, eingelegte Zucchini und und und.

Sandwich, Ciabatta & Co. 66
Solls das klassische Tunfischsandwich sein? Oder sind trendige Bagels angesagt? Bitte schön – hier sind die Rezepte!

Kalte Platten 88
Küchenstress ade! Denn kalte Platten sind super vorzubereiten. Und weil für jeden Anlass, Geldbeutel und Geschmack etwas dabei ist, sind Kalte Platten auch wieder richtig »in«.

Infos, Tipps & Co. 110
Damit das Essen und Genießen auch die Hauptsache bleibt: viele Tipps und Tricks, wie's mit praktischen Küchenhelfern schneller, mit Fertigprodukten einfacher und mit kräuterfrischen Dekos schöner geht. Vorschläge für Büfettkombinationen und zahlreiche Getränkeideen machen das Ganze perfekt.

Register 118

Gefüllte Croustades

Zutaten für 6 Personen:

einige gemischte Salatblätter (z. B. Eichblatt-, Frisée-, Romanasalat)
1 Packung Mini-Croustades (24 kleine Rührteigböden, Fertigprodukt)
150 g Crème fraîche
1 TL Zitronensaft · Salz · Pfeffer
200 g geschälte gegarte Garnelen
1 Zitronenscheibe
einige Dillspitzen
50 g Lachskaviar
200 g Ziegenfrischkäse
2 EL Sahne
1 EL Schnittlauchröllchen
6 Pistazienkernhälften
100 g roter Heringssalat (Fertigprodukt)
2–3 mit Paprika gefüllte Oliven

Zubereitungszeit: 40 Min.
Pro Portion ca.: 160 kcal · 12 g EW · 11 g F · 4 g KH

FÜR GÄSTE

1 Salatblätter waschen, trockenschleudern und zerpflücken. Die Croustades damit auslegen. Die Crème fraîche mit Zitronensaft, Salz und Pfeffer würzen. Die Hälfte in 6 Croustades füllen, mit den Garnelen belegen. Die Zitronenscheibe in Stücke schneiden, mit den Dillspitzen dazustecken.

2 Die übrige Crème fraîche mit zwei Dritteln vom Kaviar mischen und in weitere 6 Böden füllen. Mit dem restlichen Kaviar garnieren.

3 Frischkäse, Sahne und Schnittlauch verrühren, mit einem kleinen Eisportionierer in weitere 6 Croustades drücken. Jeweils mit 1 Pistazienhälfte garnieren. In die restlichen Croustades den Heringssalat füllen und mit Olivenscheibchen belegen.

Immer gut: Fingerfood

Gurken-Canapés mit Kräuteromelett

Zutaten für ca. 20 Stück:

1 Zwiebel
2 Knoblauchzehen
1–2 Bund gemischte Kräuter
(z. B. Petersilie, Minze, Basilikum, Schnittlauch, Zitronenmelisse)
4 Eier
Salz · Pfeffer
2 EL Öl
1 junge Salatgurke
2–3 EL Chilisauce
ca. 20 Spießchen

Zubereitungszeit: 30 Min.
Pro Stück ca.: 30 kcal ·
1 g EW · 2 g F · 1 KH

MEDITERRAN

1 Zwiebel und Knoblauch schälen und klein hacken. Die Kräuter waschen und trockenschütteln. Ca. 20 verschiedene Blättchen für die Garnitur aufheben, den Rest fein schneiden. Eier mit 2 EL Wasser, Salz und Pfeffer verquirlen.

2 In einer großen Pfanne Zwiebeln und Knoblauch im heißen Öl andünsten. Die Kräuter unterrühren, dann die Eiermasse hinzufügen. Abgedeckt bei schwacher Hitze in ca. 8 Min. stocken lassen (siehe Tipp). Das Omelett auf einem Brett abkühlen lassen.

3 Gurke waschen, abtrocknen und mit einem Kanneliermesser längs 5–6 dünne Rillen durch die Schale ziehen. Gurke in $1/2$ cm dicke Scheiben schneiden, auf jede etwas Chilisauce streichen.

4 Aus dem Omelett mit einem Ausstecher etwas kleinere Kreise als die Gurkenscheiben ausstechen und auf die Gurken legen. Die Gurken-Canapés mit Kräutern garnieren, mit Spießchen auf einer Platte anrichten.

EXTRA TIPP Wenn die Eiermasse noch nicht genügend gestockt, die Unterseite aber schon zu braun ist, das Omelett auf einen großen Teller gleiten lassen. Einen zweiten Teller darauf legen, umdrehen. Das Omelett wieder in die Pfanne gleiten lassen und noch 1 Min. braten.

Gurkensnacks mit Kräuterquark

Zutaten für ca. 20 Stück:

je $1/2$ Bund Basilikum und Petersilie
2 Stängel Oregano
1 Stängel Rosmarin
1 Frühlingszwiebel
150 g Quark
1 TL Zitronensaft
Salz · weißer Pfeffer
Cayennepfeffer
1 junge Salatgurke
einige Salatblätter (z. B. Romanasalat)
100 g Kirschtomaten

Zubereitungszeit: 30 Min.
Pro Stück ca.: 15 kcal ·
1 g EW · 1 g F · 1 g KH

VEGETARISCH

1 Kräuter waschen und trockenschütteln, einige Oreganoblättchen beiseite legen die übrigen Kräuter fein hacken. Die Frühlingszwiebel putzen und bis zum hellgrünen Teil klein schneiden. Den Quark mit Kräutern und Zwiebeln verrühren. Mit Zitronensaft, Salz, Pfeffer und Cayennepfeffer pikant abschmecken.

2 Die Gurke waschen, längs halbieren und entkernen. Die Gurkenhälften schräg in ca. 2,5 cm breite Rautenschiffchen schneiden. Die Salatblätter waschen, trockenschleudern und auf einer Platte ausbreiten. Die Gurkenstücke darauf setzen und jeweils etwas Quark darauf häufeln.

3 Tomaten waschen, von 2–3 die Haut abschneiden, in feine Streifen schneiden. Jedes Häppchen mit Tomatenstreifen und Oreganoblättchen garnieren. Übrige Tomaten auf der Platte verteilen.

EXTRA TIPPS Noch einfacher: Gurke längs halbieren, die Hälften entkernen, mit Quark füllen, die Gurke wieder zusammensetzen und in Scheiben schneiden. Wer es edel mag, belegt die Gurkenhäppchen mit Lachs oder Shrimps und spritzt kleine Sahnerosetten darauf.

Zucchini-Schinkenröllchen

Zutaten für 4–6 Personen:

3–4 mittelgroße Zucchini
3 EL Mehl
6 EL Olivenöl
$1/2$ rote Paprikaschote
100 g fettreduzierter Frischkäse
Salz
schwarzer Pfeffer, frisch gemahlen
Cayennepfeffer
150 g gekochter Schinken in dünnen Scheiben
1 Bund Basilikum
3 EL Zitronensaft
Zahnstocher

Zubereitungszeit: 40 Min.
Bei 6 Personen pro Portion ca.:
160 kcal · 9 g EW · 10 g F · 8 g KH

GELINGT LEICHT

1 Die Zucchini waschen, putzen und längs in dünne Scheiben schneiden. Das Mehl auf einen Teller geben, die Zucchinischeiben darin leicht mehlieren.

2 Die Zucchinischeiben in einer Pfanne im heißen Öl unter Wenden portionsweise anbraten. Auf Küchenpapier abtropfen lassen.

3 Die Paprika waschen, putzen, in kleinste Würfelchen schneiden und mit dem Frischkäse vermengen. Die Masse mit Salz, schwarzem Pfeffer und etwas Cayennepfeffer würzen. Den Schinken in Streifen schneiden.

4 Jede Zucchinischeibe mit etwas Frischkäse bestreichen und mit Schinkenstreifen belegen. Die Scheiben aufrollen, die Enden mit Zahnstochern feststecken und die Röllchen aufstellen.

5 Vom Basilikum die Blättchen abzupfen und etwas davon auf jedes Röllchen legen. Die Röllchen mit Pfeffer bestreuen und mit Zitronensaft beträufeln.

Variante
Sie können den Frischkäse auch in kleine Zucchinischiffchen füllen: Für 2–3 Portionen 1 großen Zucchino längs halbieren, mit einem Teelöffel entkernen, die Hälften in ca. 7 cm lange Stücke schneiden und die Enden etwas abrunden. Die Unterseite leicht abflachen, die Zuchinischiffchen in Salzwasser bissfest garen, abkühlen lassen und füllen.

Marinierte Zucchinihäppchen

Zutaten für 4–6 Personen:

2 Kugeln Büffel-Mozzarella (je 125 g)
125 g Feta (griechischer Schafkäse)
3 Knoblauchzehen
1 frische rote Chilischote
je $1/2$ Bund Basilikum und Thymian
2 mittelgroße Zucchini
ca. 250 ml Olivenöl
schwarzer Pfeffer, frisch gemahlen
kleine Holzspießchen

Zubereitungszeit: 35 Min.
Marinierzeit: 3 Std.
Bei 6 Personen pro Portion ca.:
205 kcal · 12 g EW · 17 g F · 2 g KH

GUT VORZUBEREITEN

1 Mozzarella und Feta jeweils in 2,5 cm große Würfel schneiden. Den Knoblauch schälen und in Scheiben schneiden. Chilischote waschen, putzen und in Ringe schneiden oder hacken. Kräuter waschen und trockenschütteln.

2 Die Zucchini waschen, putzen und auf dem Gemüsehobel oder mit einem Sparschäler längs in dünne Scheiben schneiden.

3 Auf jeder Zucchinischeibe einige Basilikum- und Thymianblättchen verteilen, einen Rest der Kräuterblättchen für die Garnitur zurückbehalten. Auf jede Zucchinischeibe 1 Mozzarella- oder Fetawürfel legen

4 Die Zucchinischeiben aufrollen und die Enden quer mit Holzspießchen feststecken.

5 Die Häppchen in eine Schale setzen und mit Olivenöl begießen. Knoblauch, Chili und übrige Kräuterblättchen dazwischen verteilen. Die Zucchinihäppchen mit Pfeffer bestreuen und abgedeckt 2–3 Std. marinieren.

Dekotipp: Attraktiv verpackt

Noch schöner sieht es aus, wenn Sie die Zucchinihäppchen mit blanchierten Lauchstreifen oder Schnittlauchhalmen zubinden (s. Foto). Richten Sie die Häppchen dann nach Belieben zusammen mit den Zucchiniröllchen (oberes Rezept) auf einer Platte an, und bestreuen Sie das Ganze mit frischer Minze, Basilikum und ausgestochenen Zucchiniperlen.

Zuckerschoten-Fingerfood

Zutaten für 4 Personen:

100 g Zuckerschoten
Salz
100 g Sahne
30 g Keta-Kaviar
10 Maiskölbchen (aus dem Glas)
75 g Räucherlachs in dünnen Scheiben
Sahnemeerrettich (aus dem Glas)
Pfeffer
1 EL Zitronensaft
1/2 Bund Dill (nach Belieben)
Spießchen

Zubereitungszeit: 40 Min.
Pro Portion ca.: 200 kcal · 13 g EW · 16 g F · 14 g KH

MACHT WAS HER

1 Die Zuckerschoten waschen, putzen und, falls nötig, die Fäden an beiden Seiten abziehen. Die Schoten in kochendem Salzwasser 2 Min. blanchieren.

2 Die Zuckerschoten mit einem Schaumlöffel aus dem Wasser heben und in einer Schüssel mit Eiswasser abschrecken. Anschließend die Schoten trockentupfen und nebeneinander auf eine ovale Platte legen, dabei die Plattenmitte frei lassen.

3 Die Sahne steif schlagen und in einen Spritzbeutel mit kleiner Sterntülle füllen. Auf die nach innen liegenden Spitzen der Zuckerschoten kleine Rosetten spritzen und auf jede Rosette etwas Kaviar setzen.

4 Die Maiskölbchen abtropfen lassen. Den Lachs in ca. 3,5 cm breite Streifen schneiden, leicht mit Meerrettich bestreichen, mit Pfeffer und Zitronensaft würzen und jedes Maiskölbchen damit umwickeln.

5 Die Lachs-Maiskölbchen in die Plattenmitte legen. Übrige Maiskölbchen in Scheiben schneiden und jeweils 1 Scheibe mit einem Spießchen auf den Lachs-Maiskölbchen feststecken. Nach Belieben mit Dillspitzen garnieren.

Gemüsesnacks

Zutaten für 4 Personen:

4 Stangen Staudensellerie
1 Bund Radieschen
je 150 g Roquefort und Magerquark
2 EL weiche Butter
3–4 mit Paprika gefüllte Oliven
200 g Ziegenfrischkäse
2–3 EL Sahne
Salz · Cayennepfeffer
1 Schälchen Daikonkresse (nach Belieben, s. Tipp; ersatzweise Gartenkresse)

Zubereitungszeit: 40 Min.
Pro Portion ca.: 385 kcal · 25 g EW · 30 g F · 5 g KH

VEGETARISCH

1 Die Selleriestangen waschen, putzen (einige Sellerieblätter aufheben) und jeweils in 3 gleich lange Stücke schneiden. Die Radieschen putzen, dabei ein Stück vom grünen Blattansatz daran lassen. Radieschen waschen und längs halbieren.

2 Den Roquefort mit einer Gabel zerdrücken und mit dem Quark vermischen. Die Sellerieblätter fein hacken und mit der Butter unter die Käsecreme mischen. Diese in einen Spritzbeutel mit Lochtülle füllen und auf die Selleriestücke spritzen. Mit Olivenscheibchen garnieren.

3 Den Ziegenfrischkäse mit der Sahne cremig rühren, mit Salz und Cayennepfeffer pikant würzen. Die Creme in einen Spritzbeutel mit Sterntülle füllen und auf jede Radieschenhälfte etwas davon spritzen.

4 Die Gemüsesnacks abwechselnd auf einer Servierplatte anrichten und diese nach Belieben mit Kresseblättchen garnieren.

EXTRA TIPPS
Daikonkresse wird aus den Samen des Daikonrettichs gezogen. Ihre Blättchen sind etwas größer als die der Gartenkresse.
Bei der im Schälchen erhältlichen Gartenkresse ist es am praktischsten, die Pflänzchen mit der Schere nicht zu tief vom Beet abzuschneiden.
Feucht gehalten, hält sich Kresse gut 1 Woche im Kühlschrank.

Wachteleier-Sticks mit Knoblauchmayonnaise

Zutaten für 24 Stück:

12 Wachteleier
12 Kirschtomaten
1 Bund Basilikum
½ Bund Schnittlauch
2 Eigelbe
Salz · weißer Pfeffer
1 EL Zitronensaft
10 EL neutrales Öl
4 Knoblauchzehen
24 kleine Holzspießchen

Zubereitungszeit: 40 Min.
Pro Stück ca.: 50 kcal ·
2 g EW · 5 g F · 0 g KH

FÜR GÄSTE

1 Wachteleier mit kaltem Wasser bedecken, dieses aufkochen und die Eier in 6 Min. hart kochen. Sofort kalt abschrecken, sorgfältig pellen (auch die harte Haut unter der Kalkschale ablösen) und quer durchschneiden. Tomaten waschen und halbieren. Vom Basilikum die Blättchen abzupfen.

2 Auf jedes Spießchen ½ Wachtelei, auf dessen Schnittfläche 1 Basilikumblättchen und darüber ½ Tomate, die Schnittfläche zum Basilikum, stecken. Die Sticks auf eine Platte legen und mit übrigen Basilikumblättchen garnieren.

3 Schnittlauch fein schneiden. Eigelbe mit 2 Prisen Salz, etwas Pfeffer und dem Zitronensaft verrühren. Das Öl erst tropfenweise, dann im dünnen Strahl mit den Quirlen des Handrührgerätes unterrühren. Ist die Mayonnaise cremig, den Knoblauch dazupressen und den Schnittlauch untermengen. Zu den Sticks reichen.

EXTRA TIPP Viel schneller gehts, wenn Sie die Wachteleier-Sticks mit einer Vinaigrette beträufeln oder mit Pesto servieren. Beides gibts fertig im Supermarkt zu kaufen.

Gefüllte Eier

Zutaten für 4 Personen:

8 Eier
150 g Frischkäse
2 EL Sahne
Salz · weißer Pfeffer
1 TL Senf
3 TL »Deutscher Kaviar«
8 geschälte gegarte Shrimps in Knoblauchöl (Fertigprodukt)
2 Kirschtomaten
1/2 reife Avocado
1 EL Zitronensaft
50 g Kalbsleberwurst
1 TL Weinbrand (nach Belieben)
1 EL fein gehackte Pistazien
1 Bund Brunnenkresse (ersatzweise Gartenkresse)

Zubereitungszeit: 1 ½ Std.
Pro Portion ca.: 330 kcal ·
24 g EW · 25 g F · 2 g KH

FÜR GOURMETS

1 Eier hart kochen, kalt abschrecken und pellen. 6 Eier längs und 2 quer halbieren (hier, damit die Hälften stehen, jeweils die Enden abschneiden). Eigelbe herauslösen, fein zerdrücken, mit Frischkäse und Sahne verrühren. Die Eimasse mit Salz, Pfeffer, Senf pikant abschmecken.

2 Die Hälfte dieser Masse in die quer geschnittenen und in 4 von den länglichen Eihälften spritzen. Die quer halbierten Eier mit Kaviar garnieren. Die Shrimps abtropfen lassen und auf die längs halbierten Eier legen.

3 Die Tomaten waschen und in Stückchen schneiden. Avocado halbieren, schälen, zusammen mit dem Zitronensaft pürieren. Mit der Hälfte der verbliebenen Eimasse verrühren und in 4 Eihälften spritzen. Mit den Tomatenstückchen garnieren.

4 Die Leberwurst mit der übrigen Eimasse und dem Weinbrand verrühren, in die letzten 4 Eihälften spritzen, mit Pistazien bestreuen. Kresse auf einer Platte verteilen und die Eier darauf setzen.

Varianten
Ganz einfach und ebenfalls sehr lecker sind **Russische Eier:** Hart gekochte Eier längs halbieren, Eigelbe herauslösen, mit Mayonnaise und Senf mischen und in die Eihälften spritzen. Mit Streifen von Gewürzgurken und Sardellenfilets garnieren. Alternativ gehackte Kräuter, Schinken oder Tomaten unter die Eigelbe mischen.

IMMER GUT: FINGERFOOD

Löffelbüfett

Zutaten für 4 Personen:

Für das Lachstatar:

150 g frisches Lachsfilet ohne Haut
1 Frühlingszwiebel
2 EL Crème fraîche
1 Msp. Senf · 1 TL Zitronensaft
Salz · Pfeffer
etwas Brunnenkresse

Für die Kaviarhäppchen:

einige Rucolablätter
4 kleine Kirschtomaten
4 Physalis (Kapstachelbeeren)
2 Pumpernickeltaler
4 TL Crème fraîche
40 g »Deutscher Kaviar«
Dillspitzen
4 kleine Zitronenecken ohne Schale

Für die Schinkenbissen:

2 Scheiben gekochter Schinken
4 kleine Chicoréeblätter
2 Scheiben Mango
weißer Pfeffer, frisch gemahlen
2 TL Sauce Tatar (Fertigprodukt)
einige Stängel Kerbel

Für die Käsehäppchen:

100 g Gorgonzola
2 EL Sahne
4 schöne Erdbeeren
einige Basilikumblättchen
Cayennepfeffer

Für den Beerengenuss:

knapp 4 EL Sahnejoghurt
80 g Himbeeren
4 Minzeblättchen
Puderzucker nach Belieben

Und:

20 Suppenlöffel (s. Tipp)
frische Blüten, Kräuter oder Salatblättchen zum Dekorieren

Zubereitungszeit: 2 Std.
Pro Portion ca.: 350 kcal ·
20 g EW · 22 g F · 12 g KH

GUT VORZUBEREITEN

1 Für das **Lachstatar** das Fischfilet sorgfältig von eventuell noch vorhandenen Gräten befreien (das geht am besten mit einer Pinzette) und den Lachs in feinste Würfelchen schneiden.

2 Die Frühlingszwiebel putzen und bis zum hellgrünen Teil fein hacken. Mit Crème fraîche vermischen und mit Senf, Zitronensaft, Salz und Pfeffer abschmecken. Das Lachstatar kühl stellen. Kurz vor dem Servieren 4 Löffel mit Brunnenkresse belegen und das Lachstatar darauf verteilen.

3 Für die **Kaviarhäppchen** Rucola und Tomaten waschen und trocknen. Die Physalis aus der Hülle lösen, waschen, trocknen und ebenso wie die Tomaten in Scheiben schneiden.

4 4 Löffel mit Rucola, $1/2$ Pumpernickeltaler und abwechselnd Tomaten- und Physalisscheiben belegen. Darauf jeweils 1 Klecks Crème fraîche und Kaviar setzen. Die Kaviarhäppchen mit Dill und Zitrone garnieren.

5 Für die **Schinkenbissen** vom Schinken den Fettrand entfernen und die Scheiben in knapp löffelbreite Streifen schneiden. Von den Chicoréeblättern die Spitzen in Löffelgröße abschneiden und auf 4 Löffel legen.

6 Die Mangoscheiben in Stifte schneiden, diese in den Schinken wickeln und die Röllchen auf den Salat legen. Mit etwas Pfeffer bestreuen, mit 1 Klecks Sauce Tatar und Kerbelblättchen garnieren.

7 Für die **Käsehäppchen** den Gorgonzola mit einer Gabel zerdrücken, die Sahne unterrühren und die Mischung in einen Spritzbeutel füllen. Die Erdbeeren waschen, putzen, trocknen und in Scheibchen schneiden. Auf 4 Löffeln Basilikumblättchen verteilen, mit Erdbeerscheiben belegen und die Käsecreme darauf spritzen. Mit Cayennepfeffer würzen.

8 Für den **Beerengenuss** den Joghurt auf den letzten 4 Löffeln verteilen. Mit Himbeeren und Minzeblättchen belegen und das Ganze nach Belieben mit Puderzucker bestäuben.

9 Auf eine große Platte oder auf einen Teller mit erhöhtem Rand die Löffel mit den Stielen nach außen legen, so dass sie jeder bequem greifen kann. Dazwischen die Platte mit frischen Blüten, Kräutern oder verschiedenen Salatblättchen dekorieren.

EXTRA TIPPS

Praktisch sind für dieses Löffelbüfett auch asiatische Porzellanlöffel, die es preiswert im Asienladen zu kaufen gibt. Ebenfalls geeignet sind spezielle »Gourmetlöffel« mit rund nach unten gebogenem Stiel für guten Stand.
Für diesen Löffelgenuss brauchen Sie übrigens nur 1–2 Servierplatten, denn bei Bedarf können Sie mit bereits vorbereiteten Löffeln nachlegen. Je nach Gästezahl erhöht sich natürlich die Menge an Löffeln und Zutaten.

Forellen-Canapés

Zutaten für 16 Stück:

100 g Joghurt-Frischkäse
3–4 EL Sahnemeerrettich (aus dem Glas)
1 EL Zitronensaft
Salz · weißer Pfeffer
4 Scheiben Vollkorn-Toastbrot
einige Blätter Bataviasalat
200 g geräuchertes Lachsforellenfilet
2 Kiwis
2–3 Stängel Zitronenmelisse
3–4 Erdbeeren

Zubereitungszeit: 30 Min.
Pro Stück ca.: 60 kcal ·
4 g EW · 2 g F · 4 g KH

FÜR FESTTAGE

1 Den Frischkäse mit Meerrettich und Zitronensaft verrühren. Die Käsemasse mit Salz und Pfeffer abschmecken und in einen Spritzbeutel füllen.

2 Das Brot toasten und aus jeder Scheibe 4 runde Canapés von ca. 4 cm Ø ausstechen. Den Salat waschen, trockenschleudern und klein zupfen. Auf jeden Brottaler etwas Frischkäse spritzen und darauf etwas Salat legen.

3 Das Forellenfilet in etwa gleich große Stückchen wie das Brot schneiden. Die Fischstückchen auf den Salat legen und jeweils kleine Rosetten von der Frischkäsemasse darauf spritzen.

4 Kiwis schälen und längs vierteln. 16 Eckchen abschneiden und damit sowie mit den Melisseblättchen die Canapés garnieren.

5 Übrige Kiwis längs mehrmals bis zum Stielansatz einschneiden, aber nicht durchtrennen. Fächerförmig auseinander drücken und als Garnitur auf die Platte legen. Die Erdbeeren waschen, trocknen, halbieren und die Kiwifächer damit garnieren.

Gefüllte Lachsröllchen

Zutaten für 4 Personen:

50 g Alfalfasprossen
3 EL Sahnemeerrettich (aus dem Glas)
1 TL Zitronensaft
2 Prisen Cayennepfeffer
150 g Räucherlachs in Scheiben
½ Bund Dill
1 Packung gewölbte Paprika-Kartoffelchips

Zubereitungszeit: 20 Min.
Pro Portion ca.: 480 kcal ·
15 g EW · 35 g F · 26 g KH

FÜR GÄSTE

1 Die Sprossen waschen, abtropfen lassen und in einer Schüssel mit Meerrettich und Zitronensaft vermengen. Die Mischung mit Cayennepfeffer würzen.

2 Lachsscheiben in 3 cm breite Streifen schneiden. Auf jeden etwas Füllung geben und die Streifen vorsichtig aufrollen. Die geschlossene Seite mit Dillspitzen garnieren und die Lachsröllchen bis zum Servieren kühl stellen.

3 Die Chips auf einer Platte ausbreiten und erst unmittelbar vor dem Servieren die gefüllten Lachsröllchen hineinlegen. (Liegen sie zu lange darin, weichen die Chips durch.)

DEKOTIPP Hier isst das Auge mit, wenn Sie jedes Lachsröllchen zusätzlich mit einem Schnittlauchhalm zubinden.

Zucchini-Wraps

Zutaten für 20 Stück:

300 g Zucchini
3 EL Olivenöl
Salz · Pfeffer
1 TL getrocknete Kräuter der Provence
150 g Joghurt-Frischkäse
2 EL Kräuter- oder Estragonsenf
3 EL Chilisauce
3–4 Frühlingszwiebeln
1 Kopf Lollo rosso oder bianco
10 Weizenmehl-Tortillas (Fertigprodukt; s. Tipp)
je 10 dünne Scheiben Kräuterkäse und gekochter Schinken

Zubereitungszeit: 35 Min.
Pro Stück ca.: 165 kcal ·
9 g EW · 9 g F · 11 g KH

GELINGT LEICHT

1 Die Zucchini waschen, putzen und in 10 cm lange Stifte schneiden. Das Öl in einer Pfanne erhitzen, die Zucchini kurz darin anbraten. Mit Salz, Pfeffer und den Kräutern der Provence würzen.

2 Frischkäse mit Senf und Chilisauce verrühren. Frühlingszwiebeln putzen, in Streifen schneiden. Den Salatkopf zerteilen, die Blätter waschen, trockenschleudern und etwas zerpflücken.

3 Die Tortillas kurz erwärmen (s. Tipps) und mit Frischkäse bestreichen. Jeweils mit Salat, Käse, Schinken, Zucchini und Zwiebeln belegen. Die Tortillas sorgfältig aufrollen und schräg halbieren. Jedes Stück so in Butterbrotpapier rollen, dass unten das Papier zusammengedreht werden kann. Sofort servieren.

EXTRA TIPPS

Tortillas finden Sie im Spezialitäten-Regal im gut sortierten Supermarkt. Für Wraps eignen sich nur die weichen und leicht zu wickelnden Weizenmehl-Tortillas. Sie können mit den verschiedensten Zutaten (z. B. Hähnchenfleisch, Lachs, fein geschnittenem Gemüse, Salat) gefüllt werden.
Kurz erwärmt schmecken Tortillas noch besser! Dafür die Fladen entweder einzeln 1 Min. unter dem Grill erwärmen, bis sie geschmeidig werden, oder die Tortillas für ein paar Sekunden in die Mikrowelle legen. Man kann sie auch alle zusammen in ein feuchtes Tuch einwickeln und 2–3 Min. im Backofen erwärmen.
Tortillas selber backen: Für 8 Stück aus je 50 g Weizen- und Maismehl, je 1 Prise Salz und Zucker, $^1/_4$ l Milch, 1 Ei und 4 EL Olivenöl einen glatten Teig rühren. Diesen 20 Min. quellen lassen und dann in einer Pfanne Tortillafladen ausbacken.

Kaviarherzen

Zutaten für 20 Stück:

10 Scheiben Vollkornbrot oder Toastbrot
1 Glas marinierte Rote Beten in Scheiben (220 g Abtropfgewicht)
50 g Keta-Kaviar
Sahnemeerrettich (aus dem Glas)
$^1/_2$ Bund Dill
2 Herzausstecher in verschiedenen Größen
essbare Blüten zum Garnieren (nach Belieben)

Zubereitungszeit: 35 Min.
Pro Stück ca.: 35 kcal ·
1 g EW · 1 g F · 5 g KH

GELINGT LEICHT

1 Die Brotscheiben leicht toasten. Die Roten Beten auf Küchenpapier abtropfen lassen.

2 Aus jeder Brotscheibe mit dem größeren Ausstecher zwei Herzen ausstechen, mit dem kleineren Ausstecher 20 Rote-Beten-Herzen ausstechen.

3 Die Rote-Beten-Herzen auf das Brot legen und darauf je 1 Klecks Keta-Kaviar geben. Die Kaviarherzen mit etwas Meerrettich und Dillspitzen garnieren, auf einer Platte oder auf Tellerchen anrichten. Nach Belieben noch mit essbaren Blüten dekorieren.

Variante
Kaviar schmeckt auch zu **Rühreitoast:** Für 40 Stück 10 Toastbrotscheiben toasten, entrinden, vierteln, etwas buttern. Rührei zubereiten, in gleich große Stücke wie das Brot schneiden. Die Hälfte der Brote mit Rührei belegen, Kaviar auf die restlichen Brote streichen. Schachbrettartig anrichten.

EXTRA TIPP

Übrige Rote Beten aus dem Glas und auch die Ränder vom Ausstechen können Sie gut für einen roten Heringssalat verwenden.

Spinat-Ziegenkäse-Wraps

Zutaten für 4 Stück:

2 Hand voll junge Spinatblätter
3–4 frische Feigen
2 EL Zitronensaft
Salz · Pfeffer
3 EL Olivenöl
4 Weizenmehl-Tortillas (Fertigprodukt; s. Tipp S. 20)
4 Scheiben Mortadella
150 g Ziegenfrischkäse

Zubereitungszeit: 20 Min.
Pro Stück ca.: 395 kcal ·
15 g EW · 27 g F · 23 g KH

SCHNELL

1 Den Spinat verlesen, waschen und trockenschleudern. Feigen trocken abreiben und in Scheiben schneiden.

2 Den Zitronensaft mit etwas Salz, Pfeffer und dem Olivenöl verrühren.

3 Die Tortillas kurz im Ofen erwärmen (s. Tipp S. 20). Auf jeden Fladen 1 Scheibe Mortadella legen und darauf den Spinat verteilen. Mit den Feigen und dem Ziegenkäse belegen.

4 Die Zitronensaft-Öl-Mischung auf den Belag träufeln und die Tortillas fest aufrollen. Mit der Saumseite nach unten auf Teller legen oder halbiert in Servietten bzw. Butterbrotpapier eingeschlagen servieren.

Variante
Lecker ist auch eine Füllung aus Spinat, Salatstreifen, Tomaten und Champignons. Joghurt mit gehacktem Schnittlauch, Knoblauch, Salz und Pfeffer mischen und darüber geben.

Gemüse-Tofu-Wraps

Zutaten für 2 Personen:

1 kleiner Kohlrabi
1 Möhre
1 Frühlingszwiebel
½ rote Paprikaschote
100 g Tofu
2 EL Chiliöl
1 EL Aceto balsamico
1 EL süße Sojasauce
Salz · Pfeffer
1 Eisbergsalat

Zubereitungzeit: 30 Min.
Pro Portion ca.: 185 kcal ·
7 g EW · 13 g F · 9 g KH

VEGETARISCH

1 Das Gemüse putzen und waschen bzw. schälen (Kohlrabi und Möhre), dann in Streifen schneiden. Den Tofu in Streifen oder Würfel schneiden.

2 In einer Pfanne das Chiliöl erhitzen. Den Tofu darin anbraten, herausnehmen und in demselben Öl das Gemüse kurz durchschwenken. Alles mit Essig, Sojasauce sowie etwas Salz und Pfeffer würzen und den Tofu wieder untermischen.

3 Vom Eisbergsalat schöne große Blätter ablösen, waschen und trockentupfen. Je 2–3 Blätter überlappend aufeinanderlegen. Das Tofugemüse darauf verteilen, die Blätter zusammenrollen und sofort servieren.

EXTRA TIPP
Wraps können Sie ganz nach Gusto füllen, z. B. mit Streifen von gekochter Hähnchenbrust, Schinken, Käse, Lachs, mit Gemüse, Salat, Kräutern. Als »Verpackung« eignen sich Tortillas, Salatblätter, Reispapier und Fladenbrot.

Garnelen mit Aioli

Zutaten für 3–4 Personen:

6 Knoblauchzehen
je 1 Bund Petersilie und
Koriandergrün
4 EL Olivenöl
12 geschälte gegarte Tiefseegarnelen mit Schwanz
2 EL Zitronensaft
2 EL Weinbrand (nach Belieben)
Salz · Pfeffer
200 g fettreduzierte Mayonnaise
50 g Crème fraîche
Zitronenspalten zum Garnieren
(nach Belieben)

Zubereitungszeit: 30 Min.
Bei 4 Personen pro Portion ca.:
420 kcal · 6 g EW · 41 g F · 4 g KH

FÜR KNOBLAUCHFANS

1 Den Knoblauch schälen und fein hacken. Petersilie und Koriandergrün waschen, trockenschütteln und fein schneiden.

2 In einer Pfanne das Olivenöl erhitzen und die Hälfte vom Knoblauch sowie die Kräuter darin ca. 2 Min. andünsten.

3 Von den Garnelen, falls nötig, noch den Darm entfernen und die Garnelen unter Wenden 3 Min. bei mittlerer Hitze mitbraten, mit Zitronensaft und Weinbrand ablöschen. Das Ganze mit Salz und Pfeffer würzen und im Sud erkalten lassen.

4 Die Mayonnaise mit der Crème fraîche, dem übrigen Knoblauch und den restlichen Kräutern verrühren. Mit Salz und Pfeffer pikant abschmecken.

5 Die Garnelen mit etwas vom Garsud sowie mit Mayonnaise und nach Belieben Zitronenspalten garniert servieren.

EXTRA TIPPS Mischen Sie unter die Knoblauchmayonnaise doch einmal einige gehackte Bärlauchblätter. Sie unterstreichen das Aroma und verleihen der Mayonnaise eine attraktive Farbe.
Beigabe: Dazu schmeckt frisches Baguette.

Gerollter Parmaschinken

Zutaten für 6 Personen:

1 Bund junge Möhren (ca. 600 g)
4 EL Olivenöl
Salz · 1 TL Zucker
Saft und abgeriebene Schale von
1 unbehandelten Zitrone
½ Bund Rucola (Rauke)
1 kleiner Zucchino
250 g Parmaschinken in hauchdünnen Scheiben
18 kleine Blätterteigstangen
(Fertigprodukt; s. Tipp)
schwarzer Pfeffer, frisch gemahlen
Kirschtomaten und mit Mandeln gefüllte Oliven zum Garnieren

Zubereitungszeit: 1 Std.
Pro Portion ca.: 325 kcal ·
14 g EW · 27 g F · 16 g KH

MACHT WAS HER

1 Von den Möhren das Grün bis auf 3–4 cm abschneiden, dann die Möhren schälen. In einem breiten Topf das Öl erhitzen, die Möhren kurz darin anschwitzen. Mit Salz, Zucker und dem Zitronensaft würzen. Abgedeckt ca. 8 Min. garen lassen, dabei die Pfanne öfter rütteln. Zuletzt die Zitronenschale auf den Möhren verteilen und das Gemüse im Topf erkalten lassen.

2 Die Rucola verlesen, waschen, trockenschleudern und grobe Stiele abknipsen. Den Zucchino waschen und auf dem Gemüsehobel oder mit einem Sparschäler längs in dünne Scheiben schneiden. Diese längs halbieren.

3 4–5 Scheiben Parmaschinken vierteln. Die Blätterteigstangen zuerst mit Schinken und dann mit Zucchinistreifen umwickeln.

4 Jedes Möhrchen zusammen mit einigen Rucolablättern in die restlichen Schinkenscheiben wickeln. Möhren und Teigstangen auf Platten oder Tellern anrichten. Mit Pfeffer bestreuen, mit Tomaten und Oliven garnieren.

EXTRA TIPP Blätterteiggebäck gibt es in verschiedenen Sorten (z. B. Käse, Kümmel, Sesam). Gut geeignet sind hier die kurzen Sesamstangen oder »Mini-Flûtes« nach Schweizer Rezept. Packungen mit 100 g Inhalt gibts im Supermarkt.

Exotischer Früchtesnack

Zutaten für 2 Personen:

1 Netzmelone
1 Limette
je ½ Bund Brunnenkresse und Zitronenmelisse
schwarzer Pfeffer
40 g Parmesan am Stück
50 g Parmaschinken in hauchdünnen Scheiben
1 reife Papaya
50 g Pfeffersalami in dünnen Scheiben
1 Kiwi
Cocktailspießchen

Zubereitungszeit: 35 Min.
Pro Portion ca.: 310 kcal · 21 g EW · 21 g F · 18 g KH

FRUCHTIG

1 Die Melone halbieren, die Kerne entfernen. Jeweils den Boden flach schneiden, damit die Hälften Stand haben. Mit einem Löffel noch etwas Fruchtfleisch herauslösen und klein schneiden.

2 Die Limette auspressen. Kräuter waschen, trockenschütteln und zwei Drittel davon klein zupfen. Das Melonenfruchtfleisch mit etwas Limettensaft und Pfeffer würzen. Die Brunnenkresse klein zupfen und untermischen. Zurück in die beiden Hälften füllen.

3 Vom Parmesan Späne abhobeln, mit dem Schinken locker auf den Melonenhälften anrichten. Diese mit der restlichen Brunnenkresse garnieren.

4 Die Papaya mit einem Sparschäler schälen, halbieren und die Kerne mit einem Löffel herausschaben. Das Fruchtfleisch in mundgerechte Würfel schneiden und mit dem restlichen Limettensaft beträufeln.

5 Die Salamischeiben bis zur Mitte einschneiden und zu kleinen Tütchen drehen. Die Salatmitütchen mit Cocktailspießchen auf den Papayawürfeln feststecken. Mit Melisseblättchen garnieren.

6 Auf jedem Teller 1 Melonenhälfte mit Papayawürfeln anrichten. Die Kiwi halbieren, mit einem Perlenausstecher kleine Kiwiperlen ausstechen und auf den Tellern verteilen.

Frischkäse- und Melonenkugeln

Zutaten für je 15 Stück:

6–8 EL Sesamsamen
200 g gekochter Schinken
1 Stück frischer Ingwer (ca. 3 cm)
250 g Doppelrahm-Frischkäse
1 TL Orangenmarmelade
Salz · Cayennepfeffer
1 Netzmelone
1 Bund Basilikum
Cocktailspießchen

Zubereitungszeit: 40 Min.
Pro Paar (1 Frischkäse- und 1 Melonenkugel) ca.: 85 kcal · 5 g EW · 6 g F · 2 g KH

EXOTISCH

1 Sesam in einer Pfanne ohne Fett goldgelb rösten und abkühlen lassen. Den Schinken in feinste Würfelchen schneiden. Ingwer schälen und sehr fein hacken.

2 Den Frischkäse mit Ingwer, Schinken und Marmelade gut verrühren, mit Salz und etwas Cayennepfeffer pikant abschmecken. Aus der Käsemasse 15 kleine Kugeln formen und im Sesam wälzen. Die Kugeln auf einen Teller legen und im Kühlschrank durchkühlen lassen.

3 Inzwischen die Melone halbieren, die Kerne entfernen und aus dem Melonenfleisch mit einem Kugelausstecher 15 schöne Kugeln ausstechen. Das Basilikum waschen und trockenschütteln, die Blätter abzupfen. Auf jeder Melonenkugel 1 Basilikumblatt mit einem Cocktailspießchen feststecken.

4 In die Käsekugeln ebenfalls Spießchen stecken, zusammen mit den Melonenkugeln gemischt auf einer Platte anrichten.

Dekotipp: Bunt umhüllt

Sie können auch nur einen Teil der Käsekugeln in Sesam und den Rest z. B. in Paprikapulver, gehackten Kräutern, zerbröseltem Pumpernickel oder auch in Radieschen- oder roten Zwiebelwürfeln wälzen.

Kräcker-Platte

Zutaten für 50–60 Kräcker:

50–60 Kräcker
Für die Cremes:
400 g Joghurt-Frischkäse
4 EL Sahne · Salz · Pfeffer
Cayennepfeffer
1 TL Ketchup · 1 TL Senf
Zum Belegen:
einige bunte Salatblätter
je 50 g Salami-, Schinken- und
Roastbeefaufschnitt
je 50 g Camembert, Gouda, Edelpilzkäse, Lachsscheiben, Krabben
2 hart gekochte Eier in Scheiben
Zum Garnieren:
Salatgurke, Kirschtomaten, Weintrauben, Kapern, Oliven, »Deutscher Kaviar«, Walnusshälften, Dill, Petersilie, Kresse

Zubereitungszeit: 1 1/2 Std.
Pro 5 Kräcker ca.: 170 kcal ·
13 g EW · 12 g F · 2 g KH

MACHT WAS HER

1 Den Frischkäse mit der Sahne in einer Schüssel verrühren und mit Salz, Pfeffer und Cayennepfeffer pikant abschmecken. Die Käse-Sahne-Masse in drei Portionen teilen.

2 Eine Portion der Käsemasse so belassen, unter die zweite Portion Ketchup und unter die dritte Portion Senf rühren. Nacheinander alle drei Sorten mit einem Spritzbeutel auf zwei Drittel der Kräcker spritzen.

3 Die Salatblätter waschen und gründlich trockenschleudern. Die Salatblätter in kleine Stückchen zupfen und auf die restlichen Kräcker legen.

4 Die Salami zu Tütchen, den Schinken und das Roastbeef zu Röllchen formen. Den Käse ausstechen oder passend zuschneiden. Alle Zutaten ganz nach Geschmack auf die Kräcker legen.

5 Die Kräcker auf eine Platte legen und mit der angegebenen Auswahl an Zutaten garnieren (z. B. wie auf dem Foto). Eventuell übrigen Frischkäse als Rosetten aufspritzen.

EXTRA TIPP Besonders knusprig und würzig schmecken z. B. japanische Reiskräcker (aus dem Asienladen) oder Salzkräcker, die es übrigens auch fettreduziert gibt.

Matjes- und Shrimpstaler

Zutaten für je 12 Brot-Taler:

1 rote Zwiebel · 1 kleiner Apfel
2 kleine Gewürzgurken (aus dem Glas)
2 Matjesfilets · 3 EL Joghurt
1/2 Zitrone · Pfeffer
3 Scheiben Vollkorn-Toastbrot
12 Pumpernickeltaler
2 EL weiche Butter
einige Blätter Eisbergsalat
2–3 Radieschen
Delikatess-Mayonnaise (aus der Tube)
100 g geschälte gegarte Shrimps
1/2 Bund Dill

Zubereitungszeit: 40 Min.
**Pro Paar (1 Matjes- und
1 Shrimpstaler) ca.:** 280 kcal ·
9 g EW · 9 g F · 41 g KH

GELINGT LEICHT

1 Zwiebel und Apfel schälen. Den Apfel entkernen und zusammen mit Gurken und Matjes in winzige Würfel schneiden. Alles mit dem Joghurt vermischen.

2 Von der Zitrone 2 Scheiben abschneiden, den Rest auspressen. Das Matjestatar mit Zitronensaft und Pfeffer abschmecken.

3 Das Toastbrot leicht rösten, aus jeder Scheibe 4 runde Taler von 4 cm Ø ausstechen. Diese dünn mit Butter bestreichen. Den Salat waschen, trockenschleudern, in kleine Stückchen zupfen und alle Brotscheiben damit belegen.

4 Auf die Pumpernickeltaler das Matjestatar häufeln. Radieschen waschen, putzen, in feine Streifen schneiden. Die Matjestaler damit garnieren. Auf die Toast-Taler etwas Mayonnaise drücken und die Shrimps darauf geben. Von den Zitronenscheiben die Schale abschneiden, die Scheiben achteln und dazulegen. Mit Dill garnieren.

Varianten

Geht superschnell: Matjes in Stücke schneiden und mit roten Zwiebelringen auf Apfelscheiben servieren. Oder die Matjesfilets aufrollen und mit Preiselbeersahne auf Pumpernickeltaler setzen.

Gefüllte Tacos

Zutaten für 12 Stück:

1 kleine Ananas
300 g Feta (griechischer Schafkäse)
2–3 frische rote Chilischoten
2 rote Zwiebeln
2 Bund Dill
2 Limetten
4–5 reife Avocados
4 EL Olivenöl
Salz · schwarzer Pfeffer
1 Eisbergsalat
12 Tacoschalen (Fertigprodukt)

Zubereitungszeit: 50 Min.
Pro Stück ca.: 415 kcal ·
7 g EW · 33 g F · 23 g KH

VEGETARISCH

1 Die Ananas schälen, den harten Mittelstrunk entfernen und das Fruchtfleisch würfeln.

2 Schafkäse klein würfeln. Chilis waschen, putzen und in feine Streifen schneiden. Die Zwiebeln schälen und streifig schneiden. Den Dill waschen, trockenschütteln und klein schneiden.

3 Limetten auspressen. Avocados schälen, halbieren. Fruchtfleisch in dünne Spalten schneiden, mit Limettensaft beträufeln.

4 Alle vorbereiteten Zutaten in einer Schüssel vermischen und mit Öl, Salz und Pfeffer abschmecken. Den Eisbergsalat zerteilen, putzen, waschen und trockenschleudern. Dann in feine Streifen schneiden und diese in eine zweite Schüssel füllen.

5 Die Tacoschalen nach Belieben im Backofen bei 180° (Mitte, Umluft 160°) ca. 3 Min. erwärmen und bereitstellen. Jeder füllt sich selbst seine Tacos mit Eisberg- und Avocadosalat.

Gefüllte Tomaten

Zutaten für 4–6 Personen:

6 schöne Strauchtomaten
12 große Kirschtomaten
1 rote Zwiebel
1 Dose Tunfisch naturell (135 g Abtropfgewicht)
40 g Kapern
8–10 mit Paprika gefüllte Oliven
Salz · schwarzer Pfeffer
je 2 EL Aceto balsamico und Olivenöl
je 125 g Mozzarella, Feta (griechischer Schafkäse) und Quark
2 EL Milch
je 1/2 Bund Dill und Petersilie

Zubereitungszeit: 45 Min.
Bei 6 Personen pro Portion ca.:
210 kcal · 15 g EW · 14 g F · 6 g KH

KLASSIKER

1 Die Tomaten waschen und von jeder einen Deckel abschneiden (bei den Strauchtomaten den Stiel daran lassen). Die kleinen Deckel je zur Hälfte in Würfel und Streifen schneiden. Mit einem Kugelausstecher oder Teelöffel die Kerne herauskratzen und die Tomaten umgedreht auf Küchenpapier abtropfen lassen.

2 Die Zwiebel schälen und klein würfeln. Den Tunfisch abtropfen lassen und mit einer Gabel etwas zerpflücken.

3 Kapern und Oliven klein hacken und mit den Tomatenwürfeln, dem Tunfisch und der Hälfte der Zwiebeln vermengen. Alles mit Salz, Pfeffer, Essig und Öl pikant abschmecken.

4 Den Mozzarella in 6 Scheiben schneiden. Die Strauchtomaten bis zum Rand mit Tunfisch füllen und mit je 1 Scheibe Mozzarella bedecken. Darauf die restliche Füllung häufeln und die Tomatendeckel auflegen.

5 Den Schafkäse zerdrücken und mit Quark und Milch mischen. Die Kräuter waschen und trockenschütteln. Einige Blättchen für die Garnitur aufheben, die restlichen fein hacken.

6 Die gehackten Kräuter mit den übrigen Zwiebeln unter die Käsemischung mengen; mit Pfeffer würzen. Die Schafkäsemasse in die Kirschtomaten füllen, mit Tomatenstreifen und Kräuterblättchen garnieren.

Dekotipp: Tomaten mit Käseblüten

Mittelgroße Tomaten aushöhlen und mit Salat auslegen. Vom »Tête de Moine« (Mönchskopfkäse) mit einem speziellen Käsehobel, der Girolle, »Blüten« abschaben: Dafür zuerst vom Käse den Deckel abschneiden, dann den Dorn der Girolle durchstechen. Die Kurbel aufsetzen und nun mit gleichmäßigem Druck kreisförmig die Käseblüten abschaben. (Wer sich keine Girolle anschaffen will, kann das auch vom Käsehändler erledigen lassen.) Die Käseblüten in die Tomaten setzen. Mit Kräutern und Nüssen garnieren.

Mangold-Sushi

Zutaten für 4 Personen:

125 g Sushi-Reis (japanischer Rundkornreis; Asienladen)
2 EL Reisessig
1 EL Zucker
Salz
1 Staude Mangold
200 g Surimistäbchen (s. Tipp)
1 kleine Salatgurke
4 TL Sahnemeerrettich (aus dem Glas)
Sojasauce
etwas Gemüse (Möhren, Frühlingszwiebeln, Paprika; nach Belieben)

Zubereitungszeit: 1 Std.
Pro Portion ca.: 215 kcal · 12 g EW · 3 g F · 35 g KH

GUT VORZUBEREITEN

1 Den Reis wie unten beschrieben (mit 150 ml Wasser) kochen und auskühlen lassen.

2 Inzwischen 4 schöne Mangoldblätter vom Strunk schneiden, die Blattrippen abflachen. (Restliche Blätter und Stiele z. B. für Salat verwenden.) In einem Topf Salzwasser aufkochen, die Blätter darin 2 Min. blanchieren. Auf Küchenpapier abtropfen lassen.

3 Surimistangen längs in 1 cm breite Streifen schneiden. Die Gurke schälen und in gleich große Streifen schneiden.

4 Mangoldblätter ausbreiten, auf die unteren Hälften je 1 TL Meerrettich und 3 EL Reis verstreichen.

5 Auf den Reis abwechselnd Surimi- und Gurkenstreifen legen und das Mangoldblatt vom Stielansatz her fest aufrollen. In Klarsichtfolie wickeln und bis zum Servieren kühl stellen.

6 Die Sushi-Rolle in dicke Scheiben schneiden und auf eine Platte setzen. Sojasauce in Schälchen dazustellen. Zu den Sushi nach Belieben noch schön geschnittenes Gemüse anrichten.

EXTRA TIPP Surimi ist gewaschenes und gegartes Fischfleisch. Vorwiegend in Japan produziert, wird diese Masse zu Stäbchen, Stücken oder auch zu Krabbenscheren geformt und dann schockgefroren.

Sushi-Tütchen mit Avocadodip

Zutaten für 4 Personen:

250 g Sushi-Reis (japanischer Rundkornreis; Asienladen)
3 EL heller Reisessig (oder verdünnter Obstessig)
1 EL Zucker · Salz
Saft von 1 Limette
1 Avocado
1 EL Wasabipaste (Asienladen)
3–4 EL Orangensaft
Pfeffer
1 Stück Salatgurke
4 Nori-Blätter (getrocknete Algenblätter; Asienladen)
3 EL Joghurt-Salatcreme
100 g geschälte gegarte Cocktailgarnelen

Zubereitungszeit: 1 Std.
Pro Portion ca.: 415 kcal · 11 g EW · 19 g F · 50 g KH

MACHT WAS HER

1 Reis so lange kalt abspülen, bis das Wasser klar bleibt; sehr gut abtropfen lassen. Den Reis mit 300 ml Wasser, Reisessig, Zucker und 1 TL Salz aufkochen. Die Hitze reduzieren und den Reis abgedeckt ca. 15 Min. garen. Zur Seite stellen, ausquellen und abkühlen lassen. Zwischendurch mit einem Holzlöffel mehrmals umrühren.

2 Die Avocado schälen und vierteln. Ein Viertel in Streifen schneiden und mit etwas Limettensaft beträufeln. Übrige Avocado mit Wasabi, Orangen- und etwas Limettensaft pürieren, salzen und pfeffern. Gurke waschen, entkernen und in Streifen schneiden.

3 Nori-Blätter in einer trockenen Pfanne erhitzen, vierteln, mit Salatcreme bestreichen und je 1 EL Reis darauf flach drücken (Ränder frei lassen). Salzen und pfeffern. Avocado, Gurken und Garnelen diagonal auf den Reis legen, mit dem übrigen Limettensaft beträufeln. Nori-Blätter am Rand anfeuchten, tütenförmig aufrollen. Den Avocadodip dazu servieren.

EXTRA TIPP **Beigaben:** Servieren Sie nach Belieben zusätzlich noch einen schnell gemachten **Wasabi-Dip:** Dafür 1 EL Wasabipaste mit 4 EL Orangensaft, 8 EL Limettensaft, 1 EL Zucker und etwas Salz verrühren.

Früchte-Konfekt

Zutaten für 6–8 Personen:

12 schöne reife Erdbeeren
18 Physalis (Kapstachelbeeren)
18 Kumquats
3 reife Kiwis
200 g Zartbitter-Kuvertüre
150 g weiße Kuvertüre
je 1 EL Pistazien, Kokosraspel und Schokoladenstreusel
kleine Holzspießchen
Früchte, Blüten, Melisse oder Minze zum Dekorieren (nach Belieben)

Zubereitungszeit: 1 Std.
Bei 8 Personen pro Portion ca.:
280 kcal · 4 g EW · 15 g F · 30 g KH

GUT VORZUBEREITEN

1 Die Erdbeeren nur mit einem feuchten Tuch abreiben, die Kelche nicht entfernen. Bei den Physalis die papierartigen Blätter nach hinten biegen. Die Kumquats heiß abwaschen, trocknen und auf Holzspießchen stecken. Die Kiwis schälen und längs vierteln oder achteln.

2 Zartbittere und weiße Kuvertüre jeweils grob hacken und getrennt in zwei Töpfchen geben. Im heißen Wasserbad unter Rühren schmelzen lassen. Pistazien, Kokosraspel und Schokoladenstreusel getrennt auf kleine Teller geben.

3 Die Fruchtstücke aufspießen und bis gut zur Hälfte in dunkle oder helle Kuvertüre eintauchen.

4 Die Früchte mit der dunklen Schokoladenseite in Pistazien oder Kokosraspel, mit der hellen Schokoladenseite in Schokostreusel tunken. Alle Früchte auf ein Kuchengitter oder auf Backpapier setzen und die Schokolade trocknen lassen.

5 Die Früchte auf einer Platte sortengleich anrichten (z. B. in Konfektmanschetten) und die Platte nach Belieben mit Früchten, Blüten, Melisse oder Minze dekorieren.

EXTRA TIPP In Kuvertüre getunkt schmecken auch Kirschen (mit Stiel), Bananen-, Apfel- und Karambolenscheiben, Mangostückchen, Orangenspalten, Feigenviertel und und und …

Gefüllte Datteln

Zutaten für 24 Stück:

24 frische Datteln
250 g Ziegenfrischkäse
5–6 EL Sahne
1/2 Kästchen Kresse
1 TL grüner Pfeffer (aus dem Glas)
2 EL gehackte Pistazien

Zubereitungszeit: 25 Min.
Pro Stück ca.: 65 kcal ·
3 g EW · 3 g F · 7 g KH

ORIENTALISCH

1 Die Datteln waschen, trocknen und längs, aber nur halb, aufschneiden und mit einem spitzen Messer vorsichtig entsteinen. Die Datteln etwas aufklappen.

2 Den Ziegenfrischkäse mit der Sahne geschmeidig rühren und in zwei Portionen teilen. Die Kresse kurz unter den Blättchen abschneiden und gut zwei Drittel davon unter eine Frischkäseportion mischen.

3 Die Pfefferkörner etwas zerdrücken und zusammen mit zwei Dritteln der Pistazien unter die zweite Portion Frischkäse rühren.

4 Nacheinander die Ziegenkäseportionen in einen Spritzbeutel füllen und die Datteln damit füllen. Mit der restlichen Kresse und den übrigen Pistazien garnieren.

Variante
Die Datteln mit Gorgonzolacreme (nach demselben Rezept) füllen, mit Olivenscheibchen garnieren.

EXTRA TIPP Sie können die Datteln nach Belieben auf Cocktailspießchen gesteckt auf Salatblättern servieren oder sie in kleinen Papiermanschetten, wie man sie für Konfekt verwendet, reichen.

Gourmetsalat

Zutaten für 6 Personen:

2 Hähnchenbrustfilets ohne Haut
1 EL Butterschmalz
Salz · Pfeffer · Cayennepfeffer
1 kleiner Kopf Radicchio
½ Eisbergsalat
100 g kleine Champignons
1 rosa Grapefruit
je 1 reife Mango und Avocado
1 EL Zitronensaft
1 Glas Joghurt-Salatcreme (250 ml)
1 EL Orangenlikör · 1 EL Ketchup
2 Stängel frische Minze

Zubereitungszeit: 1 Std.
pro Portion ca.: 355 kcal ·
18 g EW · 25 g F · 12 g KH

FÜR GÄSTE

1 Das Fleisch kalt abwaschen, trockentupfen, mit Salz, Pfeffer und Cayennepfeffer würzen, im Schmalz auf beiden Seiten 4 Min. braten. Salatblätter waschen, trockentupfen, klein zupfen. Pilze putzen, in Scheiben schneiden.

2 Grapefruit schälen und filetieren, den Saft auffangen. Mango schälen und das Fruchtfleisch in Spalten vom Stein schneiden. Die Avocado schälen, halbieren und längs in Scheiben schneiden. Mit Zitronensaft beträufeln.

3 Das Fleisch schräg in dünne Scheiben schneiden. Salatcreme, Grapefruitsaft, Likör und Ketchup verrühren, mit Salz, Pfeffer und Cayennepfeffer pikant würzen. Minze waschen, die Blättchen fein schneiden und unterrühren.

4 Auf vier großen Salattellern die Salatblätter verteilen. Darauf Pilze, Fruchtspalten und Hähnchenfleisch anrichten. Die Salatcreme dazu reichen.

Salate & Antipasti

Spinatsalat

Zutaten für 4 Personen:

200 g junger Spinat
2–3 Tomaten
4 hart gekochte Eier
1 Bund Schnittlauch
3 EL weißer Aceto balsamico
Salz · Pfeffer
1 Prise Zucker
8 EL Olivenöl
1–2 Knoblauchzehen

Zubereitungszeit: 45 Min.
Pro Portion ca.: 285 kcal ·
8 g EW · 26 g F · 4 g KH

PREISWERT

1 Den Spinat verlesen, waschen und trockenschleudern. Größere Blätter zerpflücken und alles in eine Salatschüssel geben.

2 Die Tomaten waschen und achteln. Die Eier pellen und in dicke Scheiben schneiden. Den Schnittlauch waschen, trockenschütteln und in Röllchen schneiden.

3 Für das Dressing den Essig mit etwas Salz, Pfeffer, dem Zucker und dem Olivenöl verrühren. Das Dressing zusammen mit den Tomaten unter den Spinat mengen.

4 Die Eier auf dem Salat verteilen und diesen mit Schnittlauch bestreuen. Den Knoblauch schälen und darüber pressen.

Variante
Ergänzen Sie diesen Salat doch einmal mit **Bärlauch:** 2 Hand voll frische Bärlauchblätter einfach zusammen mit dem Spinat vorbereiten und in die Schüssel geben. Bärlauch hat allerdings ein so intensives Knoblaucharoma, dass Sie dann auf den durchgepressten Knoblauch über dem Salat verzichten können.

Kopfsalat mit Wildkräutern

Zutaten für 4 Personen:

4 Eier
1 Kopfsalat
2–3 Hand voll gemischte Wildkräuter (z. B. junger Löwenzahn, Brennnesseltriebe, Sauerampfer, wilde Rauke, wilder Fenchel, Bärlauch, Sauerklee, Gänseblümchen; s. Tipp)
3 EL Gemüsebrühe (Instant)
2–3 EL Kräuteressig
Salz · Pfeffer
1 TL Honig
5 EL Distel- oder Sonnenblumenöl
essbare Blüten zum Garnieren (nach Belieben)

Zubereitungszeit: 45 Min.
Pro Portion ca.: 205 kcal ·
7 g EW · 19 g F · 2 g KH

GELINGT LEICHT

1 Die Eier in ca. 5 Min. nicht ganz hart kochen und kalt abschrecken.

2 Den Kopfsalat zerteilen, die Blätter putzen und waschen, größere etwas zerpflücken. Die Wildkräuter verlesen und harte Stiele entfernen. Die Kräuter waschen, trockenschütteln und etwas klein schneiden.

3 Aus der Gemüsebrühe, dem Kräuteressig, Salz, Pfeffer, Honig und dem Öl ein pikantes Dressing rühren. Das Dressing mit dem Salat und den Kräutern gut vermischen.

4 Die Eier pellen, in Scheiben schneiden und zusammen mit dem Salat anrichten. Den Salat nach Belieben mit essbaren Blüten (z. B. Vergissmeinnicht, Veilchen, Gänseblümchen) garnieren.

EXTRA TIPP
Beim Sammeln von Wildkräutern sollten Sie beachten, dass manche Sorten etwas herb und bitter schmecken (z. B. Brunnenkresse, alle Wegericharten und Ackersenf) und darum sparsam verwendet werden sollten. Wegen der Belastung durch Abgasgifte die Wildkräuter auch nicht unbedingt an Straßenrändern sammeln, sondern besser auf Bauernmärkten und in Bio-Läden kaufen.

Feldsalat mit Kartoffeldressing

Zutaten für 4 Personen:

2 große mehlig kochende Kartoffeln
Salz
1/8 l heiße Brühe (Instant)
2 EL Essig
4 EL Öl
1 kleine Zwiebel
1 kleiner Apfel
1 TL Senf
Pfeffer
2 Prisen Zucker
250 g Feldsalat
1 Bund Schnittlauch
Knoblauchcroûtons (nach Belieben; Rezept S. 42 unten)

Zubereitungszeit: 1 Std.
Pro Portion ca.: 165 kcal · 3 g EW · 13 g F · 15 g KH

GELINGT LEICHT

1 Kartoffeln schälen, waschen und in Stücke schneiden. In Salzwasser gar kochen, abgießen und ausdampfen lassen. Durch die Kartoffelpresse drücken und mit der Brühe zu einer dickflüssigen, glatten Sauce verrühren. Essig und Öl einrühren.

2 Die Zwiebel und den Apfel schälen, beides fein reiben und unter das Kartoffeldressing rühren. Mit Senf, Salz, Pfeffer und Zucker pikant abschmecken.

3 Den Feldsalat putzen, die Wurzeln dabei aber nicht zu großzügig abschneiden, damit er nicht auseinanderfällt. Den Salat waschen und trockenschleudern. Den Schnittlauch ebenfalls waschen, trockenschütteln und in Röllchen schneiden.

4 Den Salat auf Teller verteilen und mit dem Kartoffeldressing beträufeln. Mit Schnittlauch und nach Belieben mit Knoblauchcroûtons bestreuen.

Varianten
Zu Feldsalat passt nicht nur ein Kartoffeldressing, hier können Sie ganz nach Lust und Laune variieren. Machen Sie den Salat z. B. einmal mit einem Dressing aus Aceto balsamico, Nussöl, Salz und Pfeffer an und verteilen Sie darauf ganz nach Belieben frische Champignons und geröstete Pinienkerne oder gebratene Pfifferlinge und Walnüsse oder auch gebratene Hähnchenbruststreifen, knusprige Speckwürfel, Streifen von Räucherlachs bzw. Gorgonzolacreme, gehackte Nüsse und Birnenspalten.

Rucolasalat mit Feta

Zutaten für 3–4 Personen:

150 g Rucola (Rauke)
100 g Kirschtomaten
1–2 Schalotten
3 EL Aceto balsamico
Salz · Pfeffer
1 TL Dijonsenf
5 EL Olivenöl
3 EL Pinienkerne
200 g Feta (griechischer Schafkäse)
1 Beutel schwarze Oliven (125 g)

Zubereitungszeit: 35 Min.
Bei 4 Personen pro Portion ca.:
340 kcal · 9 g EW · 32 g F · 8 g KH

GELINGT LEICHT

1 Die Rucola waschen, trockenschleudern und grobe Stiele abknipsen. Die Tomaten waschen und halbieren.

2 Die Schalotten schälen, klein würfeln und in eine Salatschüssel geben. Mit einem Schneebesen den Essig, etwas Salz und Pfeffer sowie den Senf unterrühren. Nach und nach das Olivenöl unterschlagen.

3 Die Pinienkerne in einer Pfanne ohne Fett rösten. Den Schafkäse würfeln. Rucola, Tomaten und Schafkäse mit dem Dressing vermengen. Pinienkerne und Oliven über dem Salat verteilen.

Varianten
Lecker schmeckt Rucola auch mit einem mit Walnussöl angemachten Dressing und gehobeltem Parmesan. Ebenfalls köstlich: Die Rucola mit Zitronensaft, Olivenöl und geviertelten Feigen anrichten, dazu Crostini mit Ziegenkäse reichen. Oder die Rucola mit Radieschenscheiben, Emmentalerstreifen und Knoblauchcroûtons servieren.

Rote-Beten-Salat

Zutaten für 6–8 Personen:

1 kg Rote Beten (rote Rüben)
3 Äpfel
1 Zwiebel
je 4 EL Apfelsaft und Apfelessig
6 EL Öl
2 EL Preiselbeermeerrettich (aus dem Glas)
1 EL Zucker
Salz · Pfeffer
150 g Feldsalat
½ Bund Schnittlauch
2 EL grob gehackte Walnusskerne

Zubereitungszeit: 50 Min.
Bei 8 Personen pro Portion ca.:
160 kcal · 2 g EW · 12 g F · 13 g KH

GUT VORZUBEREITEN

1 Rote Beten und Äpfel schälen und grob in eine Schüssel raspeln (s. Tipp). Die Zwiebel schälen und klein würfeln.

2 Apfelsaft und Essig erhitzen, die Zwiebelwürfel darin aufkochen und etwas abkühlen lassen. Den Sud über die Rote-Beten- und Apfelraspel gießen. Öl, Meerrettich, Zucker, etwas Salz und Pfeffer hinzufügen. Alles vermengen, nochmals abschmecken und zugedeckt 1 Std. ziehen lassen.

3 Feldsalat putzen, waschen und trockenschütteln. Schnittlauch ebenfalls waschen, trockenschütteln und in Röllchen schneiden. Feldsalat auf Tellern verteilen, Rote-Beten-Salat darauf anrichten und mit den Nüssen und dem Schnittlauch bestreuen.

Variante
Probieren Sie auch einmal ein **Rote-Beten-Carpaccio:** Dafür 2–3 Rote Beten schälen und in ganz dünne Scheiben schneiden. Öl und Zitronensaft mit etwas Salz, Pfeffer, Zucker und Senf mischen und darüber träufeln. Mit Klarsichtfolie abdecken und 30 Min. durchziehen lassen. Vor dem Servieren 1 Frühlingszwiebel putzen und in Ringe schneiden, etwas rohen Meerrettich raspeln und beides über das Carpaccio streuen.

EXTRA TIPP Rote Beten färben beim Verarbeiten stark, deshalb besser Einweghandschuhe anziehen. Mit Zitronensaft bekommt man den roten Farbstoff aber wieder von den Händen.

Mangoldsalat mit Knoblauchcroûtons

Zutaten für 4 Personen:

1 Staude Mangold
Salz
100 g Champignons
100 g Kirschtomaten
3 Schalotten
1–2 Knoblauchzehen
2 Scheiben Toastbrot
1 EL Butter oder Kräuterbutter
8 EL Olivenöl
Pfeffer
4 EL Aceto balsamico
50 g Parmesan am Stück

Zubereitungszeit: 45 Min.
Pro Portion ca.: 260 kcal ·
8 g EW · 22 g F · 8 g KH

MEDITERRAN

1 Mangoldblätter von den Stielen, Stiele vom Strunk schneiden. Blätter und Stiele putzen und waschen. In einem Topf Salzwasser aufkochen, darin die Mangoldstiele 2–3 Min. blanchieren, dann die Blätter 1 Min. mitblanchieren. Alles kalt abschrecken, abtropfen lassen. Stiele in feine, Blätter in breitere Streifen schneiden.

2 Champignons putzen und in Scheiben schneiden. Tomaten waschen und halbieren. Schalotten und Knoblauch schälen, die Schalotten fein würfeln. Das Brot in kleine Würfel schneiden.

3 In einer Pfanne Butter und 1 EL Olivenöl erhitzen. Darin die Brotwürfel goldbraun braten. Den Knoblauch dazupressen und mit etwas Salz und Pfeffer würzen. Die Croûtons auf Küchenpapier abtropfen lassen.

4 Schalotten, Essig, etwas Salz und Pfeffer in einem Schüsselchen verrühren, das restliche Öl nach und nach unterrühren.

5 Mangold, Pilze und Tomaten mit der Vinaigrette mischen. Mit den Croûtons bestreuen und den Parmesan darüber hobeln.

Dekotipp: Figuren-Croûtons

Croûtons sehen besonders dekorativ aus, wenn Sie aus dem Brot mit kleinen Ausstechern Motive wie Herzen, Pilze oder Sterne ausstechen und in Knoblauchbutter braten.

SALATE & ANTIPASTI

Gefüllte Salatblätter

Zutaten für 6–8 Personen:

Für die Gemüsefüllung:
1 Möhre
1 Fenchelknolle
Salz
1 Stück Salatgurke
3 Stangen Staudensellerie
1 kleine gelbe Paprikaschote
1 Frühlingszwiebel
3–4 EL Joghurt-Salatcreme
je 1 TL Senf und Zitronensaft
Pfeffer, frisch gemahlen

Für die Gurkenfüllung:
1/2 Glas Gewürzgurken (185 g Abtropfgewicht)
1 Frühlingszwiebel
1 kleine rote Paprikaschote
1 grünschaliger Apfel (z. B. Granny Smith)
150 g Crème fraîche
Salz · Pfeffer · Zucker

Für die Frischkäse-Nuss-Füllung:
200 g Joghurt-Frischkäse
je 1 EL Sahne und süßer Sherry
100 g Walnusskerne
1/2 Bund Petersilie
Salz · Cayennepfeffer

Und:
2 kleine Köpfe Radicchio
1 Romanasalat oder 2–3 Kopfsalatherzen
2–3 Stauden Chicorée
1/2 Kästchen Kresse

Zubereitungszeit: 1 Std.
Bei 8 Personen pro Portion ca.:
245 kcal · 8 g EW · 20 g F · 10 g KH

VEGETARISCH

1 Für die **Gemüsefüllung** die Möhre schälen. Den Fenchel putzen, waschen und vierteln. Möhre und Fenchel in reichlich kochendem Salzwasser bissfest garen. Kalt abschrecken und alles in kleine Würfel schneiden.

2 Die Salatgurke, die Selleriestangen, die Paprikaschote und die Frühlingszwiebel waschen, putzen und alles ebenfalls in kleine Würfel schneiden.

3 Das gesamte Gemüse in einer Schüssel mit der Joghurt-Salatcreme vermengen. Mit Senf, Zitronensaft, etwas Salz und Pfeffer pikant abschmecken.

4 Für die **Gurkenfüllung** die Gewürzgurken grob raspeln oder in feine Streifen schneiden. Die Frühlingszwiebel putzen, die Paprikaschote waschen und putzen, den Apfel waschen und entkernen.

5 Frühlingszwiebel, Paprika und Apfel klein würfeln, mit Crème fraîche und Gewürzgurken vermischen. Mit Salz, Pfeffer und Zucker abschmecken.

6 Für die **Frischkäse-Nuss-Füllung** den Joghurt Frischkäse mit Sahne und Sherry vermischen. Etwa zwei Drittel der Walnüsse hacken. Die Petersilie waschen, trockenschütteln, fein schneiden und mit den gehackten Walnüssen hinzufügen. Die Masse mit Salz und Cayennepfeffer würzen.

7 Alle Salatsorten in einzelne Blätter zerteilen. Diese waschen und trockentupfen. Größere Blätter von Radicchio und Kopfsalat zerteilen. Die Salatblätter sortengleich auf Teller legen.

8 2–3 Radicchioblätter zu einer Rosette übereinander legen, die Gemüsefüllung darauf häufen und mit Kresse garnieren.

9 Jeweils etwas Gurkenmasse auf die grünen Salatblätter geben. Die Frischkäse-Nuss-Füllung in den Chicoréeblättern anrichten und mit den restlichen Walnüssen garnieren.

Variante
Gurken-Apfel-Salat auf rotem Chicorée: Für 4 Portionen 1 Salatgurke und 1 Apfel klein würfeln. Aus 250 g Joghurt, 2 EL Apfelessig, Salz, Zucker und Pfeffer ein Dressing rühren. Gurken- und Apfelwürfel sowie Schnittlauchröllchen und in Streifen geschnittenen Minzeblättchen untermischen. Von 3 roten Chicoréestauden den Strunk und die Außenblätter entfernen, die übrigen Blätter auf Tellern kreisförmig anrichten. Den Gurkensalat in die Blätter häufen und mit gehackten Nüssen bestreuen.

EXTRA TIPP
Die Gemüsefüllung kann durchaus auch mit rohem Fenchel zubereitet werden. Dann allerdings auf besonders frische und saftige Knollen achten und die Fenchelblätter sorgfältig von den harten Fäden befreien.

Tomatensalat

Zutaten für 4 Personen:

500 g reife Tomaten
1 Zwiebel
2–3 EL Kräuteressig
Salz · Pfeffer
1 TL Zucker
4 EL Öl
1 Bund Schnittlauch

Zubereitungszeit: 15 Min.
Pro Portion ca.: 120 kcal ·
1 g EW · 10 g F · 5 g KH

KLASSIKER

1 Die Tomaten waschen und in Scheiben schneiden. Die Zwiebel schälen und in kleine Würfel schneiden.

2 In einer Schüssel den Kräuteressig mit Salz, Pfeffer, Zucker und Öl verrühren. Tomaten und Zwiebeln unterheben.

3 Den Schnittlauch waschen, trockenschütteln und in Röllchen schneiden. Diese unter den Tomatensalat mischen.

Variante
Wie gut Tomaten und Gurken zusammen schmecken, beweist dieser **Tomaten-Gurken-Salat:** 4 große Tomaten, 1 Gurke und 2 rote Zwiebeln in kleine Stücke schneiden. Aus 250 g Joghurt, etwas Milch, 1 durchgepressten Knoblauchzehe, Salz, Pfeffer, Cayennepfeffer und 2 Prisen Zucker eine Salatsauce rühren und untermischen. Den Tomaten-Gurken-Salat mit gehackter Petersilie bestreuen.

Gurkensalat

Zutaten für 4 Personen:

1 Salatgurke
150 g saure Sahne (oder Joghurt)
2 EL Öl
2 EL Zitronensaft
$1/2$ TL Zucker
Salz · Pfeffer
$1/2$ Bund Dill
1–2 Borretschstängel mit Blüten (nach Belieben)

Zubereitungszeit: 15 Min.
Pro Portion ca.: 105 kcal ·
2 g EW · 9 g F · 4 g KH

SCHNELL

1 Die Gurke schälen und in dünnen Scheiben direkt in eine Salatschüssel hobeln.

2 Die Sahne mit Öl und Zitronensaft verrühren und mit Zucker, Salz und Pfeffer pikant würzen. Dieses Dressing mit den Gurken vermengen.

3 Dill waschen, trockenschütteln, klein schneiden und unter den Salat mischen. Nach Belieben mit Borretschblüten garnieren.

EXTRA TIPP
Borretschblüten eignen sich wunderbar zum Garnieren für Salate, kalte Platten oder in Sommerdrinks. Damit Sie auch außerhalb der Saison etwas davon haben, die Blüten abzupfen und einzeln in die Kammern einer Eiswürfelform legen. Mit Mineralwasser auffüllen und in den Gefrierschrank stellen. Wieder aufgetaut sehen die Blüten wie frische aus.

SALATE & ANTIPASTI

Sauerkraut-Kim-chi-Salat

Zutaten für 6 Personen:

500 g Sauerkraut (frisch oder aus der Dose)
1 TL Salz
1 EL Zucker
100 g weißer Rettich
1–2 Möhren
2 Frühlingszwiebeln
1–2 frische rote Chilischoten
1 walnussgroßes Stück frischer Ingwer
2 Knoblauchzehen
1–2 Sardellenfilets (aus dem Glas)

Zubereitungszeit: 25 Min.
Zeit zum Durchziehen: 2 Tage
Pro Portion ca.: 40 kcal · 2 g EW · 1 g F · 8 g KH

SPEZIALITÄT AUS KOREA

1 Das Sauerkraut in eine tiefe Schüssel geben und mit Salz und Zucker vermengen. Rettich und Möhren schälen und grob auf das Sauerkraut raspeln.

2 Frühlingszwiebeln putzen, waschen und in feine Ringe schneiden. Die Chilischote(n) waschen, putzen und ebenfalls in feine Ringe schneiden.

3 Den Ingwer und den Knoblauch schälen und fein hacken. Die Sardellen abspülen, trockentupfen und ebenfalls fein hacken.

4 4 EL Wasser zusammen mit allen vorbereiteten Zutaten unter das Sauerkraut mischen. Das Kraut abdecken, in den Kühlschrank stellen und 2 Tage durchziehen lassen.

EXTRA TIPPS

Beigabe: Dazu schmeckt frisches Bauernbrot.
Diesen Salat kann man übrigens sehr schön mit Rettichblüten garnieren (s. Dekotipp S. 102).
Kim-chi aus selbst eingelegtem Chinakohl wird in Asien traditionell zu allen herzhaften Gerichten gegessen. Dafür werden die Chinakohlblätter schichtweise mit Ingwer, Knoblauch, Frühlingszwiebeln, Salz, Pfeffer und etwas Wasser in einen Steinguttopf gelegt. Gut abgedeckt und im Kühlen muss das Kraut noch 1 Woche reifen.

Cäsarsalat

Zutaten für 6 Personen:

1 Knoblauchzehe
100 g Parmesan am Stück
2–3 Sardellenfilets (aus dem Glas)
2 Eigelbe
3 EL Zitronensaft
1 TL Worcestersauce
Salz · Pfeffer
1 TL Senf
160 ml Olivenöl
2 Scheiben Kastenweißbrot
60 g Räucherspeck
1–2 Köpfe Romanasalat

Zubereitungszeit: 45 Min.
Pro Portion ca.: 340 kcal · 13 g EW · 30 g F · 5 g KH

SPEZIALITÄT AUS DEN USA

1 Den Knoblauch schälen und eine Salatschüssel damit ausreiben. Eine Hälfte vom Parmesan grob raspeln, die andere fein reiben. Die Sardellen abspülen, trockentupfen und fein hacken.

2 In einer Schüssel mit dem Schneebesen die Eigelbe mit Zitronensaft, Worcestersauce, etwas Salz und Pfeffer, dem Senf und den Sardellen verrühren. Das Öl bis auf 2 EL zuerst tropfenweise, dann in dünnem Strahl unter ständigem Rühren zugießen, bis eine dickliche Sauce entsteht. Den fein geriebenen Parmesan unterrühren.

3 Das Brot entrinden und in ca. 1 1/2 cm große Würfel schneiden.

Den Speck klein würfeln. Das restliche Öl in einer Pfanne erhitzen, den Speck darin knusprig ausbraten. Den Speck aus der Pfanne nehmen und die Brotwürfel in dem Bratfett goldbraun anrösten.

4 Den Romanasalat zerteilen, putzen, waschen und dickere Blattrippen flach schneiden. Die Blätter in mundgerechte Stücke zupfen, in die Salatschüssel geben und mit dem Sardellen-Senf-Dressing vermengen.

5 Den Salat mit dem gehobelten Parmesan und den gerösteten Brot- und Speckwürfeln bestreuen; sofort servieren, damit das Brot nicht durchweicht.

SALATE & ANTIPASTI

Zutaten für 4 Personen:

200 g Zuckerschoten
Salz
1 Schalotte
3 EL Weinessig
schwarzer Pfeffer
1 EL Senf
8–9 EL Raps- oder Distelöl
3 junge Möhren (Bundmöhren)
1 Kohlrabi
1 Bund gemischte Kräuter (z. B. Basilikum, Dill, Estragon, Koriandergrün)

Zubereitungszeit: 40 Min.
Pro Portion ca.: 260 kcal ·
13 g EW · 25 g F · 29 g KH

VEGETARISCH

Zuckerschotensalat

1 Die Zuckerschoten waschen, putzen und, falls nötig, die Fäden an beiden Seiten abziehen.

2 In einem Topf reichlich Salzwasser zum Kochen bringen, die Zuckerschoten darin 3–4 Min. kochen. Die Zuckerschoten abgießen, kalt abschrecken und auskühlen lassen.

3 Die Schalotte schälen, in feine Würfel schneiden und in eine Salatschüssel geben. Mit einem Schneebesen Essig, etwas Salz und Pfeffer, den Senf und zum Schluss nach und nach das Öl unterrühren.

4 Möhren und Kohlrabi putzen und schälen. Das Gemüse grob raspeln oder in feine lange Streifen schneiden und sofort mit der Vinaigrette vermengen.

5 Die Kräuter waschen, trockenschütteln und klein schneiden. Zuckerschoten und Kräuter unter den Salat mengen und alles kurz durchziehen lassen.

EXTRA TIPP Wer es nicht rein vegetarisch mag, kann den Salat noch zusätzlich mit geräucherter Putenbrust oder Schinkenröllchen aufpeppen.

Zutaten für 4 Personen:

500 g grüne Bohnen
1 Bund Bohnenkraut
Salz
2 rote Zwiebeln
4 EL Weinessig
Pfeffer
3 Prisen Zucker
6–7 EL Sonnenblumenöl

Zubereitungszeit: 45 Min.
Zeit zum Durchziehen: 1 Std.
Pro Portion ca.: 210 kcal ·
3 g EW · 18 g F · 10 g KH

GELINGT LEICHT

Bohnensalat

1 Die Bohnen putzen, ein bis zwei Mal durchschneiden und in einem Sieb abbrausen.

2 Die Bohnen zusammen mit dem Bohnenkraut in einen Topf geben, mit Wasser bedecken, salzen und in 8–10 Min. bissfest garen. Die Bohnen abgießen und etwas auskühlen lassen.

3 Die Zwiebeln schälen und in kleine Würfel schneiden. Aus dem Essig, etwas Salz und Pfeffer sowie dem Zucker und dem Öl ein Dressing rühren.

4 Das Dressing mit den Bohnen vermischen und den Salat abgedeckt 1 Std. durchziehen lassen.

Variante
Probieren Sie auch einmal einen **Salat aus Wachsbohnen.** Diese gelbfleischigen Bohnen sind noch zarter: Für 4 Portionen 500 g geputzte Wachsbohnen in ca. 3 cm lange Stücke schneiden, in reichlich Salzwasser gar kochen und abtropfen lassen. Aus Essig, Öl, Salz, Pfeffer, etwas Zucker und zu gleichen Teilen geriebenem Meerrettich und Zwiebeln ein Dressing rühren. Mit den Bohnen vermengen und den Salat gut durchziehen lassen.
Ganz fix geht dieser Salat mit gegarten Wachsbohnen aus dem Glas – diese abtropfen lassen, mit dem Dressing vermischen und über Nacht durchziehen lassen.

Apfel-Möhren-Salat

Zutaten für 2–3 Personen:

2 Äpfel
300 g Möhren
2 EL Zitronensaft
4 EL Öl
2 Prisen Zucker
Pfeffer
1/2 Bund Petersilie
3 EL gehackte Walnüsse

Zubereitungszeit: 30 Min.
Zeit zum Durchziehen: 20 Min.
Bei 3 Personen pro Portion ca.:
300 kcal · 4 g EW · 23 g F · 18 g KH

SCHNELL

1 Die Äpfel schälen und vom Kernhaus befreien. Die Möhren putzen, waschen und gut abbürsten oder abschaben.

2 Äpfel und Möhren raspeln, die Raspel in einer Schüssel mit Zitronensaft, Öl, Zucker und etwas Pfeffer mischen.

3 Die Petersilie waschen und gut trockenschütteln. Die Blättchen abzupfen und hacken. Mit den Walnüssen unter die Apfel- und Möhrenraspel mischen. Den Salat vor dem Servieren zugedeckt ca. 20 Min. durchziehen lassen.

Varianten
Pikanter Apfelsalat:
Für 2–3 Portionen 3–4 Äpfel und 2 Birnen in Scheiben schneiden. 150 g Pflaumen entsteinen und vierteln. Alles mit 3 EL Öl, 2 EL Apfelessig, 1 TL Senf, etwas Salz, Pfeffer und gehackter Petersilie vermengen.

Apfel-Schinken-Salat:
Für 2–3 Portionen 3 Äpfel sowie je 100 g gekochten Schinken und Schnittkäse in Würfel schneiden. Mit je 3 EL Öl und Ketchup, etwas Salz und Pfeffer würzen. 1 Zwiebel dazureiben, alles gut mischen und durchziehen lassen.

Obstsalat mit Nusskrokant

Zutaten für 8–10 Personen:

1 Ananas
1 Netz- oder Honigmelone
5 Kiwis
4 Orangen
2 rotfleischige Grapefruits
1 Dose Litschis (230 g Abtropfgewicht)
3 Päckchen Vanillezucker
4 EL Orangenlikör
200 g Zucker
200 g Mandelstifte (oder Sonnenblumenkerne, geröstete Haselnüsse, Walnüsse)
2 EL Öl

Zubereitungszeit: 1 Std.
Bei 10 Personen pro Portion ca.:
475 kcal · 7 g EW · 14 g F · 80 g KH

GUT VORZUBEREITEN

1 Die Ananas längs vierteln und den harten Mittelstrunk entfernen. Das Fruchtfleisch von der Schale lösen und in mundgerechte Würfel schneiden. Die Melone halbieren, die Kerne entfernen und mit einem Kugelausstecher aus dem Fruchtfleisch schöne Kugeln ausstechen. Kiwis schälen und würfeln.

2 Orangen und Grapefruits schälen, dabei die weiße Haut ganz entfernen. Mit einem scharfen Messer die Filets zwischen den Trennwänden herausschneiden. Litschis abtropfen lassen und mit den vorbereiteten Früchten in eine Schüssel geben. Mit Vanillezucker und Likör vermengen. Den Salat abdecken und kühl stellen.

3 Für den Krokant den Zucker in einer Pfanne hellbraun karamellisieren lassen. Mandelstifte unter Rühren dazugeben. Ein Stück Alufolie mit Öl bestreichen, den Krokant darauf gießen und erstarren lassen. Nach dem Erkalten in kleine Stücke brechen und über den Obstsalat streuen.

Variante
Exotischer Käsesalat: 4 Kiwis, je 1 Mango, Papaya, Orange und Netzmelone in Stückchen schneiden. Mit etwas Zitronensaft beträufeln. Nach Belieben Schnittkäse in Würfeln (z. B. Bergkäse, Emmentaler, Cheddar) oder auch Camembert unterheben. Mit gehackten Nüssen und Zitronenmelisse garniert servieren.

Herzhafter Kartoffelsalat

Zutaten für 4 Personen:

1 kg vorwiegend fest kochende Kartoffeln
1 TL Kümmelkörner
80 g Räucherspeck
3 EL Öl
1 Zwiebel
knapp ¼ l Fleischbrühe (Instant)
1 EL Senf
3 EL Apfel- oder Weinessig
Salz · Pfeffer · Zucker
3–4 Gewürzgurken (aus dem Glas)
3–4 EL Gurkensud (aus dem Glas)
2 kleine Eier
4–5 große Radieschen
½ Bund Schnittlauch

Zubereitungszeit: 1 ¼ Std.
Pro Portion ca.: 380 kcal ·
13 g EW · 21 g F · 34 KH

KLASSIKER

1 Kartoffeln waschen, zusammen mit dem Kümmel von Wasser bedeckt in 20–25 Min. gar kochen. Kartoffeln abgießen, ausdampfen und abkühlen lassen. (Das kann am Vortag oder einige Stunden vor der Zubereitung geschehen.)

2 Kartoffeln pellen und über einer Schüssel in Scheiben schneiden. Speck klein würfeln und im Öl knusprig ausbraten. Zwiebel schälen, in kleine Würfel schneiden und in der Brühe erhitzen. Die Brühe mit Senf, Essig, Salz, Pfeffer und etwas Zucker würzig abschmecken, mit dem Speck unter die Kartoffeln mengen.

3 Gurken in kleine Würfel (oder in dünne Scheiben) schneiden. Mit dem Gurkensud unter die Kartoffeln mischen. Den Salat abschmecken, zugedeckt 1–2 Std. durchziehen lassen.

4 Die Eier in 8–10 Min. hart kochen, kalt abschrecken, pellen und in dicke Scheiben schneiden. Radieschen waschen, putzen und in sehr feine Scheiben schneiden. Schnittlauch waschen, trockenschütteln und in Röllchen schneiden. Eier und Radieschen zum Kartoffelsalat geben, mit Schnittlauch bestreuen und servieren.

EXTRA TIPPS
Wer auf seine Linie achten möchte, lässt den Speck einfach weg, muss dann aber kräftiger würzen.
Alternativ können Sie den Salat statt mit klarer Marinade auch mit fettarmer Salatmayonnaise zubereiten.

Kartoffeln mit Matjessalat und Rucola

Zutaten für 2 Personen:

2 große fest kochende Kartoffeln (ca. 300 g)
Salz
2 Frühlingszwiebeln
3 kleine Gewürzgurken (aus dem Glas)
3 Matjesfilets
1 EL Gurkensud (aus dem Glas)
schwarzer Pfeffer, frisch gemahlen
1 Bund Schnittlauch
2 EL saure Sahne
1 EL Joghurt
50 g Rucola (Rauke)
1 kleines Glas Rote-Beten-Kugeln (220 g Abtropfgewicht)

Zubereitungszeit: 45 Min.
Pro Portion ca.: 470 kcal ·
24 g EW · 31 g F · 27 g KH

GELINGT LEICHT

1 Die Kartoffeln waschen, mit Salzwasser bedecken und in ca. 25 Min. gar kochen.

2 Inzwischen die Frühlingszwiebeln putzen und in kleine Würfel schneiden. Gurken in Scheiben, Matjesfilets in Streifen schneiden. Alles in einem Schüsselchen mit dem Gurkensud mischen, mit Pfeffer würzen und zugedeckt zur Seite stellen.

3 Den Schnittlauch waschen, trockenschütteln und fein schneiden. Die Hälfte davon mit Sahne und Joghurt verrühren. Rucola waschen, trockenschleudern und grobe Stiele abknipsen. Die gekochten Kartoffeln pellen und in dicke Scheiben schneiden.

4 Rucola, Kartoffeln, Schnittlauch und den Matjessalat mischen. Die Schnittlauchsahne darauf verteilen. Die kleinsten Rote-Beten-Kugeln auf jeder Portion verteilen.

EXTRA TIPP
Die besten Matjes sind mild, schön fett und werden frisch ab Juni verkauft. Ist die Matjessaison vorbei, können Sie für dieses Gericht auch in Öl eingelegte, auf Küchenpapier abgetropfte Matjesfilets nehmen.

Nudel-Pilz-Salat

Zutaten für 4 Personen:

250 g kurze dicke Nudeln (z. B. Hörnchen)
Salz
5 EL Olivenöl
1 Zwiebel
2 Knoblauchzehen
50 g Rucola (Rauke)
100 g Kirschtomaten
250 g Champignons
Pfeffer
1 EL Butter
je 4 EL Weißweinessig und Orangensaft
1 TL Senf
1 TL Zucker

Zubereitungszeit: 1 Std.
Pro Portion ca.: 395 kcal · 10 g EW · 17 g F · 52 g KH

GELINGT LEICHT

1 Die Nudeln nach Packungsanweisung in reichlich Salzwasser mit 1 EL Öl bissfest kochen. Nudeln abschrecken und in einem Sieb gut abtropfen lassen.

2 Inzwischen Zwiebel und Knoblauch schälen und fein hacken. Rucola waschen, trockenschleudern und grobe Stiele abknipsen. Die Blätter etwas klein zupfen.

3 Tomaten waschen und halbieren. Die Champignons putzen und in Scheiben schneiden.

4 Restliches Olivenöl in einer Pfanne erhitzen. Die Pilze darin kurz anbraten, mit Salz und Pfeffer würzen und herausnehmen.

5 In dem Bratfett die Butter zerlassen, Zwiebeln und Knoblauch andünsten. Essig, Saft, Senf und Zucker einrühren, alles nochmals abschmecken.

6 Die Nudeln in die Pfanne geben, kurz durchschwenken und in eine Schüssel füllen. Mit Pilzen, Tomaten und Rucola vermengen.

Wurstsalat

Zutaten für 6 Personen:

800 g Fleischwurst (Lyoner)
4–5 Gewürzgurken (aus dem Glas)
2 rote Zwiebeln
2 EL Kapern
4 EL Wein- oder Apfelessig
6 EL Gurkensud (aus dem Glas)
2 EL Senf
2 EL Sahnemeerrettich (aus dem Glas)
5 EL Öl
Salz · Pfeffer
2 Prisen Zucker
1 Kästchen Kresse (oder 1/2 Bund Schnittlauch)

Zubereitungszeit: 40 Min.
Zeit zum Durchziehen: 1 Std.
Pro Portion ca.: 495 kcal · 14 g EW · 47 g F · 3 g KH

GUT VORZUBEREITEN

1 Die Wurst häuten und in dünne Scheiben schneiden. Die Gurken klein würfeln. Zwiebeln schälen und in feine Ringe schneiden. Die Kapern grob hacken.

2 In einer Schüssel Essig mit Gurkensud, Senf, Meerrettich und Öl verrühren. Mit Salz, Pfeffer und Zucker kräftig abschmecken.

3 Wurst, Gurken und Zwiebeln mit der Marinade vermengen und den Wurstsalat mindestens 1 Std. durchziehen lassen. Vor dem Servieren mit Kresse oder Schnittlauchröllchen bestreuen.

Varianten
Wurstsalat schmeckt auch mit Scheiben von Bierschinken, Jagd-, Gelb-, Kalbfleisch- oder Bockwurst. Außerdem können Sie noch feine Streifen Emmentaler oder Gouda sowie Silberzwiebeln, Senfgurken oder süßsauer eingelegte Kürbisstückchen untermischen.
Eine etwas ausgefallenere Version: Unter die Lyoner Rote-Beten-Würfel und Radicchiostreifen mischen. Den Salat mt dem Dressing mischen und mit Zwiebelringen sowie gerösteten Sonnenblumenernen servieren.

SALATE & ANTIPASTI

Pikanter Hähnchensalat

Zutaten für 8 Personen:

2 fertige Grillhähnchen (am Grillstand gleich halbieren lassen)
1 Eisbergsalat
2 Gläser Senfgurken (je 215 g Abtropfgewicht)
2 Gläser Selleriesalat in Streifen (je 190 g Abtropfgewicht)
1 Dose »Mexikanische Gemüseplatte« (280 g Abtropfgewicht)
2 Gläser Champignons in Scheiben (je 170 g Abtropfgewicht)
2 Flaschen grüne Pfeffersauce (je 250 ml)
150 g Kirschtomaten
1/2 Bund Petersilie

Zubereitungszeit: 40 Min.
Pro Portion ca.: 550 kcal ·
48 g EW · 23 g F · 33 g KH

PREISWERT

1 Von den Hähnchen die Haut entfernen, das Fleisch von den Knochen lösen und in mundgerechte Stücke schneiden oder zerpflücken.

2 Den Salat zerteilen, die Blätter putzen, waschen, abtropfen lassen, in mundgerechte Stücke schneiden und mit dem Hähnchenfleisch in eine große Salatschüssel geben.

3 Senfgurken in kleine Stücke schneiden (den Sud aufbewahren). Den Selleriesalat abtropfen lassen (den Sud ebenfalls aufbewahren) und mit den Gurken zum Salat geben.

4 Mexikanisches Gemüse und Champignons abtropfen lassen und zum Salat geben. Die Pfeffersauce hinzufügen, die Flaschen jeweils mit etwas Gurken- und Selleriesud füllen, durchschütteln damit sich die restliche Sauce löst und diese Mischung gut mit dem Salat vermengen

5 Die Tomaten waschen, größere halbieren. Petersilie waschen, trockentupfen und die Blättchen abzupfen. Die Tomaten unter den Salat heben und diesen mit der Petersilie garnieren.

EXTRA TIPPS
Das Praktische bei diesem Salat ist, dass er leicht für jede beliebige Personenzahl zubereitet werden kann — für eine große Party also genau das Richtige!
Beigabe: Dazu schmeckt Toastbrot oder Baguette.

Avocadosalat mit Lachs

Zutaten für 4 Personen:

2 reife Avocados
2 EL Zitronensaft
500 g Fleischtomaten
2 Frühlingszwiebeln
1 Stängel Minze
3 Stängel Basilikum
2 EL Aceto balsamico
1 EL Olivenöl
Salz
1 Prise Zucker
Cayennepfeffer
200 Räucherlachs in dünnen Scheiben
schwarzer Pfeffer, frisch gemahlen

Zubereitungszeit: 1 Std.
Pro Portion ca.: 445 kcal ·
18 g EW · 39 g F · 6 g KH

FÜR GÄSTE

1 Die Avocados schälen, längs halbieren und den Stein herauslösen. Die Avocadohälften quer in dünne Spalten schneiden und sofort mit Zitronensaft beträufeln. Mit Klarsichtfolie abdecken und kühl stellen.

2 Die Tomaten häuten (s. Tipp), vierteln und entkernen. Fruchtfleisch klein würfeln und in eine Schüssel geben. Die Frühlingszwiebeln putzen, bis zum hellgrünen Teil in kleine Würfel schneiden und dazugeben.

3 Die Kräuter waschen, trockentupfen. Die Blätter von 1/2 Stängel Minze und 2 Stängeln Basilikum hacken, ebenfalls zu den Tomaten geben. Das Tomatentatar mit Essig und Öl anmachen, mit Salz, Zucker und Cayennepfeffer pikant abschmecken.

4 Die Avocadospalten portionsweise auf Tellern anrichten. Jeweils etwas Tomatentatar und Lachs dazugeben und mit den restlichen Kräutern garnieren. Mit Pfeffer bestreut servieren.

EXTRA TIPP
Es gibt unterschiedliche Methoden, Tomaten zu häuten: Entweder die Tomaten kurz mit kochendem Wasser überbrühen, kalt abschrecken und häuten. Oder mit dem Messerrücken kräftig über die Tomate streichen und nach 10 Min. Stielansatz und Haut ablösen.

Dekotipp: Tomatenrosette

Sehr schön sieht der Salat aus, wenn er mit Tomatenrosetten dekoriert wird: Dafür eine feste mittelgroße Tomate waschen und mit einem spitzen Messer von oben beginnend wie einen Apfel spiralförmig und in einem Stück dünn abschälen. Aus dem Schalenende die Blütenmitte formen und die übrige Schale darum herum wickeln. Von der Mitte her etwas aufdrücken, damit die Blüte geöffnet wirkt. Eventuell mit einem Zahnstocher fixieren.

Würzige Soleier

Zutaten für 4–6 Personen:

2 Zwiebeln
2 ½ EL Salz
1 EL Zucker
je 1 EL Kümmel-, Senf-, Koriander-, Pfeffer- und Pimentkörner
1 EL Wacholderbeeren
2 Lorbeerblätter
3 Stängel Thymian
3–4 getrocknete rote Chilischoten
12 Eier

Zubereitungszeit: 30 Min.
Marinierzeit: 36 Std.
Bei 6 Personen pro Portion ca.:
160 kcal · 12 g EW · 11 g F · 4 g KH

KLASSIKER

1 In einem Topf ca. 1 ½ l Wasser zum Kochen bringen. Die Zwiebeln schälen und halbieren. Zusammen mit Salz, Zucker, allen Gewürzen und den Chilischoten 10 Min. kochen lassen. Danach in dem Sud erkalten lassen.

2 Die Eier in 8 Min. hart kochen, kalt abschrecken und die Schalen ganz leicht einklopfen, so dass sie springen (dadurch kann dann der Sud besser einziehen).

3 Die Eier in ein hohes Glas legen und mit dem Gewürzsud begießen. Zugedeckt an einem kühlen Ort (jedoch nicht im Kühlschrank) 24–36 Std. durchziehen lassen.

EXTRA TIPPS

Zum Essen die Eier pellen und quer so halbieren, dass man die Eigelbe herausheben kann. Diese Vertiefung nun nach Belieben mit Salz, Pfeffer, Senf, Essig und Öl, Ketchup, Mayonnaise oder Remouladensauce (Rezept S. 64) würzen. Dann das Eigelb umgedreht wieder darauf setzen.
Damit die Eier beim Füllen nicht umkippen, setzen Sie sie am besten in passende Eierbecher oder auf kleine Ringe.
Beigaben: Dazu schmecken gehackte Gewürzgurken, Kapern und Kartoffelsalat oder einfach Butterbrote.

Eingelegter Ziegenkäse

Zutaten für 4 Personen:

4 Knoblauchzehen
½ unbehandelte Zitrone
1 EL Pfefferkörner
1 getrocknete rote Chilischote
8 kleine Ziegenweichkäse (je 40 g, z. B. Picandou)
je 1 Stängel Rosmarin, Thymian, Zitronenmelisse
2 Lorbeerblätter
6 Wacholderbeeren
ca. ¼ l feines Olivenöl

Zubereitungszeit: 30 Min.
Marinierzeit: 2–3 Tage
Pro Portion ca.: 380 kcal ·
17 g EW · 34 g F · 1 g KH

MEDITERRAN

1 Die Knoblauchzehen schälen und halbieren. Von der Zitrone die Schale dünn ablösen und in Streifen schneiden. Den Saft auspressen. Die Pfefferkörner im Mörser leicht andrücken. Die Chilischote halbieren.

2 Den Ziegenkäse in ein tiefes Gefäß (oder großes Schraubglas) legen. Knoblauch, Zitronenschale 2 EL Zitronensaft, Chili sowie alle Kräuter und Gewürze darauf verteilen. Mit so viel Olivenöl begießen, dass der Käse vollständig bedeckt ist.

3 Das Gefäß verschließen und den Käse 2–3 Tage kühl gestellt (jedoch nicht im Kühlschrank) durchziehen lassen.

Variante
Genauso können Sie auch **eingelegten Feta** zubereiten: 400 g Feta (griechischen Schafskäse) in Würfel schneiden. 5 gehackte Knoblauchzehen, 1–2 getrocknete Chilischote(n) und verschiedene Kräuter (z. B. Rosmarin, Thymian, Basilikum, Minze) dazugeben und den Käse mit 2 Zitronenscheiben, einigen schwarzen Oliven und Olivenöl bedeckt 2–3 Tage durchziehen lassen.

EXTRA TIPPS

Das würzige Öl vom eingelegten Käse schmeckt sehr fein in Salatsaucen.
Beigabe: Dazu schmeckt gut Baguette oder auch kräftiges Bauernbrot.

Süßsauer eingelegte Zucchini

Zutaten für 3–4 Gläser (insgesamt ca. 2 1/2 l Inhalt):

2 kg Zucchini
6 Knoblauchzehen
45 g Salz
400 g Zucker
1/2 l Weinessig
1–2 Zwiebeln
2–3 getrocknete rote Chilischoten
1 Tütchen Gurkengewürz (für eingelegte Gurken)
2 Lorbeerblätter
10 Wacholderbeeren
2 TL Senfkörner
1/2 TL Nelkenpulver
1 TL Kurkuma (Gelbwurz)

Zubereitungszeit: 1 1/2 Std.
Marinierzeit: 8 Tage
Bei 4 Gläsern pro Glas ca.:
195 kcal · 7 g EW · 2 g F · 37 g KH

SCHARF

1 Die Zucchini waschen, putzen und in kleine Stücke schneiden. Den Knoblauch schälen. Beides in einer Schüssel mit Salz, Zucker und Essig mischen.

2 Die Zucchini zugedeckt 1 Tag durchziehen lassen, dabei öfter zusammendrücken, damit die Zucchini ständig ganz vom Sud bedeckt sind.

3 Am nächsten Tag die Zwiebeln schälen und in Scheiben schneiden. Den Zucchinisud in einen Topf gießen und mit Zwiebeln, Chilis und allen Gewürzen 8 Min. durchkochen.

4 Twist-off-Gläser auskochen, umgedreht auf einem Tuch abtropfen lassen. Zucchinistücke einfüllen und mit dem kochend heißen Sud begießen. Gläser sofort verschließen und die Zucchini mindestens 1 Woche durchziehen lassen. Kühl gestellt ist das Gemüse 4–6 Monate haltbar.

EXTRA TIPPS
Die Zucchini schmecken zu einer deftigen Brotzeit ebenso gut wie zu einem Fondue oder zu Gegrilltem.
Mit einem hübschen Etikett, etwas Stoff über dem Deckel und einem Band verziert, sind die gefüllten Gläser beliebte Geschenke aus der Küche.

Pikant eingelegter Knoblauch

Zutaten für 2 Gläser (je 370 ml Inhalt):

500 g große frische Knoblauchzehen
1/2 l Estragonessig
50 g brauner Zucker
1 TL Salz
2 Lorbeerblätter
je 1 EL Koriander-, Senf-, grüne Pfeffer- und Pimentkörner
je 1 Stängel Thymian, Rosmarin und Estragon
2 EL Öl

Zubereitungszeit: 1 Std.
Marinierzeit: 1 Tag
Pro Glas ca.: 440 kcal ·
15 g EW · 5 g F · 84 g KH

GUT VORZUBEREITEN

1 Die Knoblauchzehen schälen, mit 1/2 l Wasser, Essig, Zucker, Salz, Lorbeer und den Gewürzkörnern in einen Topf geben und 3 Min. sprudelnd durchkochen. Den Topf abdecken und den Knoblauch bis zum nächsten Tag durchziehen lassen.

2 Den Knoblauch nochmals ca. 4 Min. kochen, abkühlen lassen und mit dem Sud in kleine Twist-off-Gläser füllen. Die Kräuterzweige dazwischen stecken

2 Den Inhalt jedes Glases mit einem dünnen Ölspiegel bedecken, die Gläser gut verschließen und kühl lagern.

Variante
Immer wieder lecker sind auch
Knoblauch-Oliven: 4 gehackte Knoblauchzehen, 1–2 getrocknete Chilischote(n), je 1 Stängel Rosmarin und Majoran mit 300 g entsteinten und im Mörser leicht angedrückten Oliven in ein Gefäß geben. Mit Olivenöl bedecken, ca. 1 Woche durchziehen lassen.

EXTRA TIPPS
Sie können pikanten Knoblauch bereits am nächsten Tag essen, wenn Sie 1/4 l Essig mit 1/2 l Weißwein, etwas Zucker, Salz und Gewürzen aufkochen. Geschälten Knoblauch (und nach Belieben 2–3 in Stifte oder Scheiben geschnittene junge Möhren) in dem Sud bissfest garen.

SALATE & ANTIPASTI

Eier-Vinaigrette

Zutaten für 6 Personen:

4 Eier
1 Bund Schnittlauch
2 EL Weinessig
6 EL Öl
1 TL Senf
Salz · Pfeffer
Zucker

Zubereitungszeit: 30 Min.
Pro Portion ca.: 145 kcal ·
4 g EW · 14 g F · 0 g KH

SCHNELL

1 Eier in ca. 10 Min. hart kochen, kalt abschrecken, pellen und klein hacken. Den Schnittlauch waschen, trockenschütteln und in kleine Röllchen schneiden.

2 Essig und Öl mit dem Senf, Salz, Pfeffer und Zucker verrühren. Eier und Schnittlauch mit dem Dressing vermengen.

Variante
Wer gerne Chips und Gemüse dipt, sollte einmal einen **Eier-Senf-Dip** versuchen: Für 4 Portionen 4 Eier in 10 Min. hart kochen, kalt abschrecken, pellen und fein hacken. 2 Frühlingszwiebeln putzen und fein hacken. 5 Cornichons (aus dem Glas) ebenfalls fein hacken. 250 g saure Sahne mit 2 EL mittelscharfem Senf verrühren. Eier, Frühlingszwiebeln und Cornichons untermischen. Mit Salz und Pfeffer würzen.

EXTRA TIPP
Diese Vinaigrette schmeckt sehr gut zu Gemüse wie Artischocken und Spargel, aber auch zu Roastbeef und Schinkenröllchen oder Sülze.

Tsatsiki

Zutaten für 4 Personen:

1 Salatgurke (ca. 500 g)
2–3 Knoblauchzehen
700 g Joghurt
1 EL Weißweinessig
2 EL Olivenöl
Salz · Pfeffer
Cayennepfeffer
1–2 Stängel frische Minze

Zubereitungszeit: 30 Min.
Pro Portion ca.: 170 kcal ·
7 g EW · 11 g F · 10 g KH

FÜR KNOBLAUCHFANS

1 Die Gurke schälen und der Länge nach halbieren. Mit einem Löffel die Kerne herauskratzen und die Gurke grob in eine Schüssel raspeln.

2 Den Knoblauch schälen und zu den Gurkenraspeln pressen, den Joghurt untermischen.

3 Alles mit Essig, Öl sowie etwas Salz, Pfeffer und Cayennepfeffer pikant abschmecken und das Tsatsiki kühl stellen.

4 Vor dem Servieren die Minze waschen, trockenschütteln, die Blättchen fein hacken und unter das Tsatsiki rühren.

EXTRA TIPPS
Tsatsiki schmeckt zu Kartoffeln, gegrillten Lammkoteletts oder gebratenem Fisch. In Griechenland wird es meist einfach mit Fladenbrot als Vorspeise serviert. Klar, dass ein Gläschen Retsina hier nicht fehlen darf. Und wer von Knoblauch nicht genug bekommen kann, reicht zusätzlich noch eine **Kartoffel-Knoblauch-Paste** dazu: Für 4 Portionen 400 g fest kochende Kartoffeln in der Schale in reichlich Wasser ca. 25 Min. kochen, heiß pellen, durch die Kartoffelpresse in eine Schüssel drücken. 2–3 Knoblauchzehen schälen und zu den Kartoffeln pressen. 5 EL Olivenöl, 6 EL Fleischbrühe (Instant), Salz und den Saft von 1 Zitrone dazugeben. Alles zu einer geschmeidigen Paste verrühren. Mit Peperonischeibchen garniert servieren.

Sandwiches im Brotkasten

Zutaten für 6–8 Personen:

2 Kastenweißbrote vom Vortag
1/2 Kopf Bataviasalat
80 g weiche Kräuterbutter
je 150 g Lachs- oder Parmaschinken sowie Graved Lachs in dünnen Scheiben
je 2 EL Meerrettich und Crème fraîche

Zubereitungszeit: 1 Std.
Bei 8 Personen pro Portion ca.:
405 kcal · 20 g EW · 10 g F · 61 g KH

MACHT WAS HER

1 Von den Broten einen Deckel abschneiden. Mit dem Messer an den Innenseiten der Brote entlang fahren, dabei aber nicht in den Boden schneiden. Die Brote auf die Seite legen und an einer Längsseite ca. 1 1/2 cm über dem Boden so einschneiden, dass das gesamte Innere herausgelöst werden kann. Die Brotblöcke herausheben und in dünne Scheiben schneiden.

2 Den Salat zerteilen, putzen, waschen und trockenschleudern, größere Blätter klein zupfen. Alle Brotscheiben dünn mit Butter bestreichen. Schinken und Lachs in Streifen schneiden.

3 Die Hälfte der Brotscheiben mit Salat belegen, ein paar Blätter für die Garnitur übrig lassen. Darauf jeweils Schinken und Lachs verteilen. Meerrettich und Crème fraîche verrühren. Den Lachs dünn damit bestreichen. Restliche Brotscheiben auflegen. Die Brote diagonal durchschneiden und in die Brotkästen setzen. Einige Salatblätter seitlich in die Brotkästen stecken.

Sandwich, Ciabatta & Co.

Roastbeef-Rucola-Sandwiches

Zutaten für 3–4 Personen:

1/2 Bund Rucola (Rauke)
12 Scheiben Pumpernickel
3 EL Kräuterbutter
Salz
12 dünne Scheiben Roastbeef (fertig vom Metzger)
4 EL Remouladensauce
6 Scheiben würziger Schnittkäse (z. B. Esrom mit Paprika, Appenzeller, Tilsiter)

Zubereitungszeit: 20 Min.
Bei 4 Personen pro Portion ca.:
495 kcal · 31 g EW · 32 g F · 22 g KH

SCHNELL

1 Die Rucola waschen, trockenschleudern und die groben Stiele abknipsen.

2 Alle Brotscheiben mit Butter bestreichen und leicht salzen. Auf 6 Scheiben üppig den Salat verteilen und mit jeweils 2 Scheiben Roastbeef belegen. Die Remouladensauce darauf verstreichen, mit dem Käse belegen.

3 Die restlichen 6 Brotscheiben darauf legen und die Sandwiches zum Servieren halbieren.

> **EXTRA TIPP**
> Für Sandwiches können Sie ganz nach Geschmack die verschiedensten Brotsorten nehmen. In der Regel nimmt man Sandwich- oder Toastbrot. Bei ganz edlen Sandwiches können Sie vor dem Belegen auch die Rinde abschneiden.

Tunfisch-Sandwiches

Zutaten für 4 Personen:

2 Eier
2 Dosen Tunfisch naturell (je 150 g Abtropfgewicht)
1 kleine rote Zwiebel
1 Stück Salatgurke (ca. 50 g)
1/2 Bund Schnittlauch
100 g Salatmayonnaise
1 TL Senf
1 EL Kapern
2 EL Zitronensaft
Salz · Pfeffer
4 Salatblätter (z. B. Lollo rosso)
8 Scheiben Sandwichbrot (oder Toastbrot)
Holzspießchen nach Belieben

Zubereitungszeit: 40 Min.
Pro Portion ca.: 350 kcal ·
24 g EW · 18 g F · 21 g KH

GELINGT LEICHT

1 Eier in 8–10 Min. hart kochen, kalt abschrecken, pellen und klein hacken. Den Tunfisch abtropfen lassen und zerpflücken.

2 Zwiebel und Gurke schälen, fein würfeln. Schnittlauch waschen, trockenschütteln und in Röllchen schneiden.

3 Die Salatmayonnaise mit dem Senf, den Kapern, dem Zitronensaft, den gehackten Eiern und dem Schnittlauch verrühren. Den Tunfisch untermengen und die Masse mit Salz und Pfeffer abschmecken. Bis zum Servieren zugedeckt kühl stellen.

4 Die Salatblätter putzen, waschen, trockenschütteln und in Streifen schneiden.

5 4 Brotscheiben mit den Salatstreifen belegen und die Tunfischmasse darauf verteilen. Die restlichen 4 Brotscheiben auflegen, leicht andrücken und die Sandwiches diagonal durchschneiden.

6 Die Sandwich-Dreiecke nach Belieben mit Holzspießchen feststecken, auf einer Platte anrichten und servieren.

> **EXTRA TIPPS**
> Man kann das Toastbrot vor dem Belegen natürlich auch leicht anrösten. Zusätzlich passen in die Mayonnaise auch noch klein gewürfelte Radieschen, Tomaten oder Paprikaschoten. Damit die Sandwiches richtig durchziehen können, diese vor dem Anrichten fest in Klarsichtfolie wickeln und ca. 15 Min. liegen lassen.

Crostini-Platte

Zutaten für 6–8 Personen:

Für den Pilzbelag:
250 g Egerlinge oder Champignons
je 1 kleine Zwiebel und Knoblauchzehe
1/2 Bund Petersilie
1 EL Olivenöl
2 EL Butter
1 TL Zitronensaft
Salz · Pfeffer

Für den Olivenbelag:
2 Knoblauchzehen
2 Sardellenfilets (aus dem Glas)
150 g schwarze Oliven
1 EL Pinienkerne
4–6 EL Olivenöl
2 TL Zitronensaft
1 Msp. Chilipulver (nach Belieben)

Für den Tomatenbelag:
500 g reife Fleischtomaten
2 Frühlingszwiebeln
1 Knoblauchzehe
2 EL Aceto balsamico
4 EL Olivenöl
1/2 Bund Rucola (Rauke)
Salz · Pfeffer

Und:
2 Ciabattabrote, Baguettes oder italienische Weißbrote

Zubereitungszeit: 1 1/2 Std.
Bei 8 Personen pro Portion ca.:
330 kcal · 8 g EW · 17 g F · 39 g KH

SPEZIALITÄT AUS ITALIEN

1 Die Pilze mit Küchenpapier trocken abreiben, putzen und fein hacken. Die Zwiebel und den Knoblauch schälen. Zwiebel in kleine Würfel schneiden. Die Petersilie waschen, trockenschütteln und hacken.

2 In einer Pfanne Öl und Butter zerlassen, die Zwiebeln bei mittlerer Hitze darin andünsten. Die Pilze und gut zwei Drittel der Petersilie dazugeben, den Knoblauch dazupressen. Alles mit Zitronensaft, Salz und Pfeffer würzen. Die Pilze dünsten, bis die Flüssigkeit verdampft ist, und abkühlen lassen.

3 Den Backofen auf höchster Stufe (250°) vorheizen. Für die Olivenpaste den Knoblauch schälen. Die Sardellen abspülen. Die Oliven entsteinen, einige für die Garnitur aufheben, den Rest zusammen mit Knoblauch, Sardellen, Pinienkernen und Öl im Mixer pürieren. Die Paste mit Zitronensaft und Chili pikant abschmecken.

4 Für den Tomatenbelag die Tomaten waschen, vierteln, entkernen und fein würfeln. Frühlingszwiebeln putzen, den Knoblauch schälen. Beides klein hacken, mit den Tomatenwürfeln, Essig und Öl mischen. Die Rucola waschen, trockenschleudern und grobe Stiele abknipsen. Rucolablätter grob zerschneiden.

5 Das Brot in ca. 1 cm dicke Scheiben schneiden, auf dem Backblech verteilen und 4–5 Min. im Ofen (Mitte, Umluft 220°) rösten – die Brotscheiben dabei im Auge behalten, damit sie nicht zu dunkel werden, zwischendurch ein Mal wenden.

6 Auf ein Drittel der Brotscheiben die Rucola legen und darauf die Tomaten häufeln. Mit Salz und Pfeffer würzen.

7 Auf das zweite Drittel der Brotscheiben die Olivenpaste streichen. Restliche Oliven in Scheiben als Garnitur darauf legen.

8 Auf den übrigen Brotscheiben die Pilzmasse verteilen und mit der restlichen Petersilie bestreuen. Die Crostini auf eine große Platte legen und sofort servieren.

EXTRA TIPPS
Wer möchte reibt die heißen Brotscheiben vor dem Belegen mit einer halbierten Knoblauchzehe ein und beträufelt sie mit etwas Olivenöl. Statt es im Backofen zu rösten, können Sie das Brot natürlich auch toasten oder in einer Pfanne in wenig (Knoblauch-) Öl anbraten.

Belegtes Ciabattabrot

Zutaten für 3 Personen:

je einige Friséesalat-, Eisbergsalat- und Radicchioblätter
1 Ciabattabrot
1 Knoblauchzehe
2–3 Stängel Basilikum
je 1 TL Zitronensaft und Olivenöl
Salz · Pfeffer
1 Fleischtomate
125 g Mozzarella
1 hart gekochtes Ei
2 geräucherte Forellenfilets
3 Stängel Dill
2 EL Sahnemeerrettich (aus dem Glas)
$1/2$ rote Paprikaschote
50 g Ricotta
$1/2$ Kästchen Kresse

Zubereitungszeit: 45 Min.
Pro Portion ca.: 475 kcal ·
33 g EW · 15 g F · 43 g KH

G E L I N G T L E I C H T

1 Salat waschen und dicke Rippen flach schneiden. Das Brot in 3 Teile schneiden, jedes durchscheiden. Knoblauch schälen, Basilikum waschen. Beides fein hacken, mit Zitronensaft und Öl verrühren, salzen und pfeffern.

2 Die Tomate waschen und ebenso wie den Mozzarella in Scheiben schneiden. Die Unterseite von einem Stück Brot mit Friséesalat belegen, darauf Mozzarella und Tomaten schichten. Mit Dressing beträufeln und den oberen Brotteil auflegen.

3 Das Ei pellen und in Scheiben schneiden. Forellenfilets in schräge Stücke schneiden. Den Dill waschen und trockenschütteln. Die zweite Brotunterseite mit Eisbergsalat belegen. Darauf Eischeiben, Forellenstücke, Meerrettich und Dillspitzen verteilen und den Brotdeckel auflegen.

4 Paprika waschen, putzen und klein würfeln. Mit Ricotta vermengen, salzen und pfeffern. Auf das letzte Brot Radicchio legen, darauf den Ricotta geben. Kresse abschneiden und darüber streuen. Den Brotdeckel auflegen.

EXTRA TIPP
Ebenso lecker schmecken aufgeschnittenes und belegtes italienisches Landbrot, Baguette, Fladenbrot oder kleine griechische Pitabrote, Sonnenblumenbrötchen oder Sesamstangen.

Gefülltes Baguette

Zutaten für 6 Personen:

2 Eier
je 100 g Salami und gekochter Schinken
3 Gewürzgurken (aus dem Glas)
1–2 Frühlingszwiebeln
1 Bund Schnittlauch
2 EL Kapern
200 g Frischkäse
80 g weiche Butter
1 EL Paprikamark (aus der Dose)
1 TL Senf
Salz · Pfeffer
Cayennepfeffer
1 frisches Baguette
Kirschtomaten, Salat und/oder frische Kräuter zum Garnieren (nach Belieben)

Zubereitungszeit: 1 Std.
Pro Portion ca.: 430 kcal ·
15 g EW · 27 g F · 29 g KH

G U T V O R Z U B E R E I T E N

1 Die Eier in 8–10 Min. hart kochen, kalt abschrecken, pellen und im Eierschneider fein würfeln (erst längs, dann quer zerteilen).

2 Salami, Schinken und Gurken in kleine Würfel schneiden. Die Frühlingszwiebeln putzen, den Schnittlauch waschen, trockenschütteln. Beides klein schneiden. Die Kapern hacken.

3 Frischkäse mit Butter, Paprikamark und Senf cremig rühren. Die vorbereiteten Zutaten unterrühren, die Mischung mit Salz, Pfeffer und Cayennepfeffer würzen.

4 Das Baguette quer halbieren und die beiden Teile mit einem langen Messer aushöhlen. Die Frischkäsemasse in die Hälften füllen, das Brot wieder zusammensetzen und fest in Klarsichtfolie wickeln. Im Kühlschrank 1 Std. durchziehen lassen.

5 Zum Servieren das Baguette in Scheiben schneiden und auf einer Platte anrichten. Nach Belieben mit Kirschtomaten, Salatblättern und/oder frischen Kräuterblättern und -zweigen garnieren.

Variante
Gut schmeckt auch diese Füllung: 1 Zwiebel, 1 Knoblauchzehe und je $1/2$ grüne, rote und gelbe Paprikaschote fein hacken, mit 400 g Joghurt-Frischkäse vermischen und mit 1 TL Senf sowie Salz, Pfeffer und Cayennepfeffer würzen.

Frische Bagels

Zutaten für 10 Stück:

500 g Weizenmehl (Type 405)
1 Würfel Hefe (42 g)
1 TL Zucker
50 g Butter
Salz
1 Eigelb
Sonnenblumenkerne, Sesam- und Mohnsamen, Kümmelkörner und/oder grobes Salz zum Bestreuen

Zubereitungszeit: 45 Min.
Ruhezeit: 1 1/4 Std.
Backzeit: 25–30 Min.
Pro Stück ca.: 225 kcal · 6 g EW · 6 g F · 36 g KH

SPEZIALITÄT AUS DEN USA

1 Das Mehl in eine Schüssel sieben und in die Mitte eine Mulde drücken. Die Hefe in 1/8 l warmem Wasser auflösen und in die Mulde gießen. Zucker darüber streuen und die Hefe ca. 15 Min. gehen lassen, bis sie zu schäumen beginnt. Inzwischen die Butter zerlassen und abkühlen lassen.

2 Butter, 1 TL Salz und nochmals 1/8 l lauwarmes Wasser zum Mehl geben und alles mit den Händen ca. 10 Min. durcharbeiten. Dann den Teig durchkneten und abgedeckt an einem warmen Ort ca. 1 Std. gehen lassen, bis sich sein Volumen etwa verdoppelt hat.

3 In einem großen Topf reichlich Salzwasser zum Kochen bringen. Backofen auf 200° vorheizen. Ein Blech mit Backpapier belegen.

4 Den Teig in 10 Stücke teilen. Jedes Teil zur Kugel drehen, dann zu einem flachen Kreis formen und durch die Mitte mit den Fingern ein großes Loch bohren. Die Ringe portionsweise für 1 Min. in das siedende Wasser geben, mit einem Schaumlöffel herausheben und auf das Blech legen.

5 Die Bagels mit verquirltem Eigelb bepinseln, beliebig bestreuen und im Backofen (Mitte, Umluft 180°) in 25–30 Min. goldbraun backen. Am besten schmecken sie noch ofenwarm.

EXTRA TIPP Um Bagels zu formen, kann man die einzelnen Teigstückchen auch einfach zu dicken Strängen rollen, zum Kreis legen und dann die Enden fest zusammendrücken.

Vollkornstangen

Zutaten für 12 Stück:

1 TL Zucker
Salz
1 Päckchen Trockenhefe
400 g Weizen-Vollkornmehl
Pfeffer
1 Eiweiß
Mehl für die Arbeitsfläche
Sonnenblumenkerne, Sesam- und Mohnsamen, Kümmelkörner und/oder grobes Salz zum Bestreuen

Zubereitungszeit: 50 Min.
Ruhezeit: 1 Std.
Backzeit: 25 Min.
Pro Stück ca.: 115 kcal · 4 g EW · 1 g F · 21 g KH

GELINGT LEICHT

1 Zucker, 1 TL Salz und die Hefe in 1/4 l lauwarmem Wasser verrühren. Das Mehl und etwas Pfeffer mit den Knethaken des Handrührgerätes nach und nach unterarbeiten. Den Teig auf einer bemehlten Arbeitsfläche nochmals durchkneten, dann abgedeckt an einem warmen Ort ca. 1 Std. gehen lassen.

2 Gut 2 l Salzwasser zum Kochen bringen. Den Backofen auf 200° vorheizen. Ein Backblech mit Backpapier belegen. Den gegangenen Teig flach drücken und in 12 gleich große Stücke schneiden. Jedes Stück zu einem ca. 12 cm langen Strang rollen.

3 Die Stangen portionsweise 1 Min. vorkochen (so bekommen sie später eine schöne Kruste). Aus dem Wasser heben, abtropfen lassen, auf das Blech legen.

4 Das Eiweiß mit 1 TL Wasser verquirlen. Die Stangen damit bestreichen, beliebig bestreuen und im Ofen (Mitte, Umluft 180°) in 20–25 Min. goldbraun backen.

EXTRA TIPP **Beigaben:** Dazu schmeckt beispielsweise Tsatsiki (Rezept S. 64), eingelegter Ziegenkäse (Rezept S. 60) und alles von der Brotparty (Rezepte S. 86).

Lachs-Bagels

Zutaten für 2 Personen:

einige schöne Salatblätter (z. B. Eisberg-, Frisée-, Eichblattsalat)
1 Kästchen Kresse
4 EL Frischkäse
1 TL Zitronensaft
Salz · Pfeffer
2 Bagels (Rezept S. 74; z. B. mit Sesam oder Mohn)
4 Scheiben Räucherlachs

Zubereitungszeit: 15 Min.
Pro Portion ca.: 410 kcal · 25 g EW · 18 g F · 37 g KH

SCHNELL

1 Die Salatblätter waschen und trockenschleudern. Die Kresse vom Beet schneiden und unter den Frischkäse rühren. Den Kräuterkäse mit Zitronensaft, Salz und Pfeffer würzen.

2 Die Bagels aufschneiden und die Unterteile mit dem Frischkäse bestreichen. Salat und Lachs darauf verteilen, die Oberteile darauf legen und leicht andrücken.

Varianten
Die Bagel-Unterteile mit Senfmayonnaise bestreichen und mit Bataviasalatblättern, gekochtem Schinken sowie fein gehackten Gurken- und Apfelstückchen belegen. Oder Frischkäse aufstreichen und die Bagelhälften mit Kopfsalat- oder Rucolablättern, Ei- und Tomatenscheiben belegen. Mit Kapern und Parmesanspänen belegen.

Chicken-Bagels

Zutaten für 2 Personen:

1 Hähnchenbrust (ohne Haut und Knochen)
Salz · Pfeffer
2 EL Öl
4 Scheiben Bacon (Frühstücksspeck)
3 EL Mayonnaise
je 1 EL Dijonsenf und Tomatenmark
einige schöne Salatblätter
2 Bagels (Rezept S. 74)

Zubereitungszeit: 30 Min.
Pro Portion ca.: 740 kcal · 44 g EW · 46 g F · 37 g KH

GELINGT LEICHT

1 Die Hähnchenbrust waschen, trockentupfen, mit Salz und Pfeffer würzen. Das Öl in einer Pfanne erhitzen, die Hähnchenbrust darin gar braten. Herausnehmen und abkühlen lassen.

2 In dem Bratfett die Baconscheiben knusprig ausbraten, herausnehmen und auf Küchenpapier abtropfen lassen.

3 Die Mayonnaise gut mit Senf und Tomatenmark verrühren. Die Salatblätter waschen, trockenschleudern. Das Hähnchenfleisch in dünne Scheiben schneiden.

4 Die Bagels aufschneiden und die Unterseiten mit Mayonnaise bestreichen. Darauf Hähnchenfleisch, Speck und Salat verteilen. Die Bagel-Oberteile auflegen und leicht andrücken.

EXTRA TIPP
Fertige Bagels kaufen und eine Bagel-Party veranstalten: Dafür Salatblätter, Kräuter, Gurken-, Tomaten- und Eischeiben, Staudensellerie, angemachten Quark und Frischkäse, Garnelen, Wurst, Schinken, Käse usw. bereitstellen, und jeder kann sich seinen Bagel nach Wahl belegen (weitere Rezepte für Brotbeläge finden Sie auch auf S. 86 bei der Brotparty).

Ciabatta

Zutaten für 3 Brote:

1 TL Zucker
30 g Hefe
600 g Weizenmehl (Type 550)
7 geh. EL Weizen-Vollkornschrot
1 EL Salz
2 EL Olivenöl

Zubereitungszeit: 20 Min.
Ruhezeit: 1 ½ Std.
Backzeit: 30–35 Min.
Pro Brot ca.: 850 kcal ·
29 g EW · 11 g F · 158 g KH

SPEZIALITÄT AUS ITALIEN

1 In ½ l lauwarmem Wasser den Zucker und die Hefe auflösen. Das Mehl, 5 EL Weizenschrot und das Salz in eine Schüssel geben. Hefelösung und Öl untermischen und alles mit den Knethaken des Handrührgerätes oder den Händen zu einem glatten Teig verkneten. Diesen mit einem Tuch abdecken und an einem warmen Ort ½–1 Std. ruhen lassen.

2 Den Teig kurz durchkneten und in drei Teile teilen. Jedes Teil rund rollen und die Stücke nochmals 15–30 Min. gehen lassen.

3 Den Backofen auf 225° vorheizen. Ein Backblech mit Backpapier belegen.

4 Die Teigkugeln länglich auseinanderziehen und auf das Blech legen. Leicht mit Wasser bepinseln und mit dem restlichen Weizenschrot bestreuen.

5 Die Ciabattabrote im heißen Ofen (Mitte, Umluft 200°) ca. 10 Min. backen. Dann die Temperatur auf 200° (Umluft 180°) reduzieren und die Brote in 20–25 Min. fertig backen.

Toskanisches Landbrot

Zutaten für 2 Brote:

1 kg Weizenmehl (Type 405 oder 550)
2 Würfel Hefe (je 42 g)
1 TL Zucker
2 TL Salz
2 EL Olivenöl
Mehl für die Arbeitsfläche und zum Bestäuben

Zubereitungszeit: 20 Min.
Ruhezeit: 1 ¾ Std.
Backzeit: 1 Std.
Pro Brot ca.: 1815 kcal ·
58 g EW · 15 g F · 358 g KH

GELINGT LEICHT

1 Das Mehl in eine Schüssel sieben. In die Mitte eine Mulde drücken und die Hefe hineinbröckeln. Den Zucker darauf streuen und mit etwas lauwarmem Wasser glatt rühren. Den Hefeansatz abgedeckt 15 Min. gehen lassen, bis Bläschen zu sehen sind.

2 Salz, Öl und ca. 700 ml lauwarmes Wasser hinzufügen und den Teig mit den Knethaken des Handrührgerätes oder den Händen gut durcharbeiten. Dann auf einer bemehlten Arbeitsfläche mit beiden Händen 5–10 Min. zu einem kompakten, elastischen Teig kneten. Diesen zum Kloß formen und abgedeckt ca. 1 Std. an einem warmen Ort gehen lassen, bis sich sein Volumen etwa verdoppelt hat.

3 Den Teig durchkneten, halbieren, jedes Stück zum Brotlaib formen. Diese 30 Min. gehen lassen, bis der Teig sich um etwa ein Drittel vergrößert hat. Ofen auf 200° vorheizen, einen kleinen Topf mit heißem Wasser hineinstellen. Ein Blech mit Backpapier belegen.

4 Die Brotlaibe mit Wasser bestreichen, zweimal schräg einschneiden und mit Mehl bestäuben. Die Brote im Ofen (Mitte, Umluft 180°) 50–60 Min. backen und auskühlen lassen.

EXTRA TIPP: Sehr aromatisch schmeckt das Brot, wenn Sie unter den aufgegangenen Teig noch klein gehackte schwarze Oliven, getrocknete Tomaten, Pinienkerne oder Rosmarinnadeln kneten.

Schnelle Partybrötchen

Zutaten für 24 Stück:

1 Stängel Rosmarin
1/2 Bund krause Petersilie
60 g gehackte Walnüsse
2 kleine Eigelbe
Salz
2 Rollen »Buttermilch-Brötchen« (je 250 g, für 6 Stück; Frischteig aus dem Kühlregal)

Zubereitungszeit: 40 Min.
Backzeit: 10–12 Min.
Pro Stück ca.: 65 kcal · 2 g EW · 1 g F · 12 g KH

FÜRS BÜFETT

1 Den Backofen auf 200° vorheizen. Vom Rosmarin die Nadeln abstreifen und sehr fein hacken. Die Petersilie waschen, trockenschütteln und die Blätter fein schneiden. Die Kräuter getrennt jeweils mit der Hälfte der Walnüsse und 1 Eigelb verrühren. Jede Mischung mit etwas Salz würzen. Ein Backblech mit Backpapier belegen.

2 Die Teigstücke für die Buttermilch-Brötchen nach Packungsanweisung aus der Rolle lösen. Jedes Stück nochmals teilen und daraus kleine Brötchen formen. Die Oberfläche mit einem Messer kreuzweise leicht einschneiden und etwas Kräuter-Nuss-Masse in die Einschnitte füllen.

3 Die Brötchen auf das Blech legen und im Ofen (Mitte, Umluft 180°) 10–12 Min. backen.

Variante
Schnell zubereitet und sehr fein sind auch **Rosmarinkekse:**
Für 10 Stück 1 Rolle Blätterteig (230 g; aus dem Kühlregal) ausrollen und mit 1–2 EL frisch gehacktem Rosmarin bestreuen. Bacon (Frühstücksspeck) in dünnen Scheiben darauf legen, pfeffern und den Teig von beiden Seiten zur Mitte hin einrollen. Diese Doppelrolle mit einem sehr scharfen Messer in 1 cm dicke Scheiben schneiden. Die Kekse nach Belieben mit Eigelb bestreichen und im Ofen bei 220° (Mitte, Umluft 200°) ca. 10 Min. backen.

Sonnenblumenbrötchen

Zutaten für 16 Stück:

250 g Roggenmehl (Type 1150)
250 g Weizenmehl
1 Würfel Hefe (42 g)
1/2 TL Zucker
2 TL Salz
3 EL Sonnenblumenöl
120 g Sonnenblumenkerne
Mehl für die Arbeitsfläche

Zubereitungszeit: 30 Min.
Ruhezeit: 1 3/4 Std.
Backzeit: 30 Min.
Pro Stück ca.: 100 kcal · 3 g EW · 1 g F · 21 g KH

GELINGT LEICHT

1 Beide Mehlsorten in eine Schüssel sieben und in die Mitte eine Mulde drücken. Die Hefe hineinbröckeln, Zucker und 1/8 l lauwarmes Wasser hinzufügen und die Hefe auflösen. Den Vorteig abgedeckt an einem warmen Ort 15 Min. gehen lassen.

2 Salz, Öl, 1/8 l lauwarmes Wasser und die Sonnenblumenkerne hinzufügen und den Teig mit den Knethaken des Handrührgerätes oder den Händen kräftig durchkneten. Nochmals abgedeckt 1 Std. gehen lassen.

3 Auf einer bemehlten Arbeitsfläche den Teig zu einer Rolle formen und in 16 Stücke schneiden. Daraus mit bemehlten Händen kleine Brötchen formen und die Oberfläche kreuzweise ca. 1 cm tief einschneiden. Ein Blech mit Backpapier belegen, die Brötchen darauf legen und abgedeckt nochmals 30 Min. gehen lassen.

4 Den Ofen auf 200° vorheizen. Eine feuerfeste Schale mit Wasser auf den Boden des Backofens stellen. Die Brötchen im Ofen (Mitte, Umluft 180°) in 25–30 Min. goldbraun und knusprig backen.

EXTRA TIPPS
Sie können die Brötchen auch nur mit Weizen- oder Roggenmehl oder z. B. nur mit Weizenschrot backen. Außerdem kann man die Brötchen zusätzlich vor dem Backen in Sonnenblumenkerne drücken.

Buntes Käsegebäck

Zutaten für ca. 80 Plätzchen:

200 g Gouda am Stück
250 g Weizenmehl (Type 405)
1 TL Backpulver
200 g kalte Butter
3 Eigelbe
je 1 Msp. weißer Pfeffer, Cayennepfeffer und frisch geriebene Muskatnuss
1 TL Milch
je 2 EL gehackte Pistazien, Kümmelkörner, Sesam- und Mohnsamen
50 g geschälte Mandeln
Mehl für die Arbeitsfläche

Zubereitungszeit: 50 Min.
Ruhezeit: 1 Std.
Backzeit: 12–15 Min.
Pro Stück ca.: 45 kcal ·
1 g EW · 4 g F · 2 g KH

GUT VORZUBEREITEN

1 Den Gouda fein reiben. Das Mehl mit dem Backpulver in eine Schüssel sieben, den Käse dazugeben. Die Butter in Flöckchen darüber schneiden. 2 Eigelbe und die Gewürze hinzufügen. Alles mit kühlen Händen rasch zu einem glatten Mürbeteig verkneten. Den Teig in Klarsichtfolie wickeln und 1 Std. im Kühlschrank ruhen lassen.

2 Den Teig auf einer bemehlten Arbeitsfläche $1/2$ cm dick ausrollen. Mit verschiedenen kleinen Plätzchenausstechern schöne Plätzchen ausstechen.

3 Die Teigreste nochmals rasch zusammenkneten, ausrollen und wieder Plätzchen ausstechen. Den übrigen Teig nach Belieben in Rauten schneiden.

4 Den Backofen auf 200° vorheizen. Ein Backblech mit Backpapier belegen.

5 Das übrige Eigelb mit der Milch verquirlen, die Plätzchen damit bestreichen. Abwechselnd mit Pistazien, Kümmel, Sesam und Mohn bestreuen, einige Plätzchen mit Mandeln belegen.

6 Die Plätzchen auf das Blech legen und im Ofen (oben, Umluft 180°) in 12–15 Min. goldgelb backen. (Was nicht auf das erste Blech passt, bis zum Backen auf einem anderen mit Backpapier belegten Blech kalt stellen.)

Variante
Ganz Eilige kommen mit diesen **Käsespiralen** in den Genuss von knusprigem pikantem Gebäck: 300 g TK-Blätterteig auftauen lassen. Die Teigplatten an den Rändern mit Wasser bepinseln und auf einer bemehlten Arbeitsfläche leicht überlappend zu einem ca. 40 x 40 cm großen Quadrat ausrollen. 100 g geriebenen Gouda mit etwas Pfeffer auf eine Teighälfte streuen, die andere Teighälfte darüber klappen. Mehrmals mit dem Nudelholz darüber rollen. Die Platte mit dem Teigrädchen in 2 cm breite Streifen schneiden und jeden Teigstreifen spiralförmig verdrehen. Die Käsespiralen mit verquirltem Eigelb bestreichen und beliebig bestreuen. Auf ein mit Backpapier belegtes Backblech setzen und im Backofen bei 225° (Mitte, Umluft 200°) ca. 15 Min. backen.

EXTRA TIPPS
Je nachdem, wie pikant Sie Ihre Käseplätzchen haben möchten, können Sie statt Gouda auch Emmentaler oder Appenzeller verwenden.
Das Käsegebäck hält sich luftdicht in einer Dose verpackt 4–5 Wochen frisch.

SANDWICH, CIABATTA & CO.

Brotsalat

Zutaten für 4–6 Personen:

400 g altbackenes Weißbrot
1 Zwiebel
8 EL Rotweinessig
1 Lorbeerblatt
1 TL Pfefferkörner
3 Fleischtomaten
je 1 kleine rote und gelbe Paprikaschote
2–3 Frühlingszwiebeln
3 Stangen Staudensellerie
je 1 Bund Basilikum und Petersilie
2 Stängel frische Minze
2 EL Kapern
Salz · Pfeffer
3 Knoblauchzehen
8 EL Olivenöl

Zubereitungszeit: 20 Min.
Zeit zum Durchziehen: 1 Std.
Bei 6 Personen pro Portion ca.:
295 kcal · 6 g EW · 14 g F · 35 g KH

SPEZAILITÄT AUS ITALIEN

1 Das Brot in Scheiben schneiden. Die Zwiebel schälen und vierteln. Gut 1/8 l Wasser mit der Zwiebel, dem Essig, dem im Mörser angedrückten Lorbeerblatt sowie den Pfefferkörnern aufkochen. Den Sud abkühlen lassen und durch ein Sieb über die Brotscheiben gießen.

2 Die Tomaten überbrühen, häuten, entkernen und in Spalten schneiden. Paprika, Frühlingszwiebeln und Selleriestangen waschen, putzen und in kleine Stückchen schneiden.

3 Basilikum, Petersilie und Minze waschen, trockenschütteln und grob hacken.

4 Brot ausdrücken, zerpflücken und in eine Salatschüssel geben. Alle vorbereiteten Zutaten sowie die Kapern untermischen, kräftig salzen und pfeffern. Knoblauch in das Öl pressen und dieses untermengen. Den Salat 1 Std. im Kühlschrank durchziehen lassen.

Variante

300 g altbackenes Weißbrot in Wasser einweichen, ausdrücken, zerpflücken und in etwas Olivenöl anbraten. 1 kleine Gurke, 2 Stangen Staudensellerie, 1 geschälte Zwiebel und 3 Tomaten klein schneiden. Mit Olivenöl, Aceto balsamico, Salz und Pfeffer vermengen und das Brot untermischen. Mit Basilikum bestreuen.

Herzhafte Brot-Terrine

Zutaten für 1 Kastenform von 25 cm Länge:

1/2 altbackenes Kastenweißbrot (oder 4 Brötchen vom Vortag)
5 Eier
1/4 l warme Milch
Salz · Pfeffer
Cayennepfeffer
Muskatnuss, frisch gerieben
200 g gekochter Schinken
150 g Gouda am Stück
1 Bund Petersilie
50 g gehackte Pistazien
50 g weiche Butter
Butter zum Ausfetten
Salatblätter und Kräuter zum Anrichten

Zubereitungszeit: 30 Min.
Zeit zum Quellen: 30 Min.
Backzeit: 1 Std.
Bei 6 Personen pro Portion ca.:
370 kcal · 22 g EW · 24 g F · 16 g KH

GUT VORZUBEREITEN

1 Brot in kleine Würfel schneiden. Die Eier trennen. Eigelbe mit der Milch verquirlen, kräftig mit Salz, Pfeffer, Cayennepfeffer und Muskat würzen. Die Mischung über das Brot gießen und dieses 30 Min. quellen lassen.

2 Den Schinken klein würfeln. Den Käse grob reiben. Die Petersilie waschen, trockenschütteln und klein schneiden. Den Ofen auf 225° vorheizen.

3 Alle vorbereiteten Zutaten mit den Pistazien und der Butter unter die Brotmasse mengen. Die Eiweiße mit 2 Prisen Salz steif schlagen und unterheben.

4 Die Kastenform mit Butter ausfetten und die Brotmasse einfüllen. Ein tiefes Backblech oder eine große Bratreine ca. 2 Finger hoch mit heißem Wasser füllen und die Form hineinstellen. Die Terrine im Ofen (Mitte, Umluft 200°) 1 Std. backen. Im abgeschalteten Ofen auskühlen lassen, in Scheiben schneiden und auf einer Platte mit Salatblättern und Kräutern anrichten.

EXTRA TIPP **Beigabe:** Dazu schmeckt ein saftiger Salat, z. B. ein Tomaten- oder Gurkensalat (Rezepte S. 46) oder auch der Kopfsalat mit Wildkräutern von S. 38.

Brotparty

Je nach Anzahl der Gäste verschiedene Brotsorten (z. B. Vollkorn-, Zwiebel- und Nussbrot, Sesamfladen, Pumpernickel, diverse Brötchen, Brezeln) und Käsegebäck (frisch vom Bäcker oder selbst gebacken) in Körbchen und auf Holzbrettern verteilen. Die hier beschriebenen Brotaufstriche und Buttersorten, nach Belieben aber auch zusätzlich noch Salate oder Gemüsesnacks und natürlich Getränke bereitstellen.

Kräuterquark
2 Frühlingszwiebeln, 1 Bund Radieschen sowie je 1/2 Bund Dill, Petersilie und Schnittlauch putzen bzw. waschen und klein schneiden. Mit 250 g Quark und 2–3 EL Milch vermischen und pikant mit Salz, Pfeffer und Cayennepfeffer abschmecken.

Obatzder (angemachter Käse)
250 reifen Camembert und 2 geputzte Frühlingszwiebeln in kleine Würfel schneiden. Mit 6 EL Sahne und 4 EL weicher Butter verrühren, mit Salz, Pfeffer, Paprika und etwas Kümmel pikant würzen. Schmeckt besonders gut zu Brezeln und Salzstangen.

Harzer-Käse-Gehacktes
200 g Harzer Käse, 1 geschälte rote Zwiebel und 1/2 Bund gewaschenen und trockengeschüttelten Schnittlauch klein hacken bzw. fein schneiden. Alles mit 100 g weicher Butter verrühren, mit Pfeffer, gemahlenem Kümmel, Paprikapulver sowie etwas Senf pikant abschmecken. Schmeckt auf Bauernbrot.

Forellenmus
2 geräucherte Forellenfilets (je 100 g) zerkleinern. Mit 250 g Sahne pürieren und durch ein Sieb streichen. Mit Salz, Pfeffer und etwas Zitronensaft abschmecken. 6 Blatt weiße Gelatine 5 Min. in kaltem Wasser einweichen, und tropfnass bei schwacher Hitze auflösen. Unter die Fischmasse rühren, in einem Schüsselchen fest werden lassen. Mit Dill garnieren.

Ölsardinen-Häckerle
Aus 2 Dosen Ölsardinen das Öl gut abtropfen lassen. Sardinen, 4 Sardellenfilets, 2 TL Kapern und etwas Petersilie fein hacken. Mit 100 g weicher Butter verrühren und kräftig mit Pfeffer abschmecken.

Schinkenaufstrich
1 kleine Zwiebel schälen, klein würfeln und in 1 EL Butter andünsten. 6 frische Salbeiblätter hacken und 400 g gekochten Schinken in sehr feine Würfel schneiden. Alles mit 100 g Frischkäse verrühren, mit Salz, Pfeffer und etwas Muskat würzen. 150 g Sahne steif schlagen und unterheben.

Rucolabutter
200 g Rucola (Rauke) portionsweise in Öl ca. 1 Min. knusprig frittieren, in Küchenpapier gut ausdrücken und fein hacken. Rucola mit 150 g Butter verrühren, mit Salz und Cayennepfeffer würzen. Die Butter nach Belieben in ein Model füllen (s. Dekotipp S. 95) und fest werden lassen. Rucolabutter lässt sich auch gut einfrieren.

Bärlauchbutter
1–2 Hand voll frische Bärlauchblätter waschen, trocknen, klein hacken und unter weiche Butter rühren. Schmeckt toll auf Röstbrot.

Bunte Kressebutter
15 Kapuzinerkresseblüten sowie 5 -blätter fein hacken, unter 250 g cremig gerührte Butter mischen und mit Salz und weißem Pfeffer würzen. Die Butter in Alufolie zu einer Rolle formen und im Kühlschrank fest werden lassen. Die Butterrolle in Scheiben schneiden und z. B. auf Vollkornbrot servieren. Die Kressebutter passt übrigens auch sehr gut zur Spargelplatte (Rezept S. 90).

Käsebutter
100 g Appenzeller fein reiben und mit 250 g weicher Butter, 1 Eigelb, 2 EL Kirschwasser (nach Belieben) und Cayennepfeffer verrühren. Fest werden lassen.

Kaviarbutter
150 g weiche Butter mit 100 g »Deutschem Kaviar«, 1 Eigelb und 2 Spritzern Zitronensaft verkneten. Köstlich auf geröstetem Brot!

Zitronenbutter
Abgeriebene Schale von 2 unbehandelten Zitronen und Saft von 3 Zitronen mit 200 g Zucker in einer hitzefesten Schüssel verrühren. In ein Wasserbad setzen. 2 ganze Eier, 2 Eigelbe sowie 125 g zerlassene Butter unterrühren. So lange rühren, bis die Masse cremig ist. Die Butter in Gläser füllen und diese erst nach dem Abkühlen verschließen. Hält sich im Kühlschrank mehrere Wochen.

EXTRA TIPPS: Zur Brotparty ebenfalls sehr lecker sind gewürzter Ziegenfrischkäse (Rezept S. 12 unten), Lachstatar (Rezept S. 16), Matjestatar (Rezept S. 28 unten), Frischkäse mit Nüssen (Rezept S. 44) und Tsatsiki (Rezept S. 64).

Schinkenplatte mit Früchten

Zutaten für 4–6 Personen:

3 EL Pinienkerne
1 Kantalupmelone
je 1 reife Mango und Papaya
3–4 EL Limettensaft
3 EL Orangensaft
2 EL weißer Rum (nach Belieben)
je 100 g San-Daniele-, Lachs-
und Schwarzwälder Schinken
in dünnen Scheiben
100 g Bündner Fleisch
bunter Pfeffer, frisch gemahlen

Zubereitungszeit: 1 Std.
Bei 6 Personen pro Portion ca.:
305 kcal · 20 g EW · 22 g F · 8 g KH

EXOTISCH

1 Pinienkerne in einer Pfanne ohne Fett goldgelb rösten. Die Melone halbieren und entkernen. Mit einem Kugelausstecher schöne Kugeln ausstechen.

2 Die Mango schälen und längs halbieren, dabei das Fruchtfleisch vom Stein schneiden. Die beiden »Backen« quer in dünne Scheiben schneiden. Papaya schälen, längs halbieren und die Kerne entfernen. Die Hälften ebenfalls dünn aufschneiden.

3 Limetten-, Orangensaft und den Rum verrühren. Mango- und Papayaspalten abwechselnd von außen beginnend auf eine große runde Platte legen, die Mitte frei lassen. Mit Rum-Saft beträufeln.

4 Den Schinken abwechselnd und überlappend auf der Platte anrichten. Das Bündner Fleisch in die Mitte legen. Die Melonenkugeln um den Schinken verteilen. Alles mit Pfeffer bestreuen, mit den Pinienkernen garnieren.

Kalte Platten

Spargelplatte

Zutaten für 4 Personen:

je 600 g weißer und grüner Spargel
1 unbehandelte Zitrone
Salz
2 EL Butter
3 EL Zucker
1 EL Olivenöl
2 Stauden Chicorée
250 g Erdbeeren
einige Stängel Kerbel sowie essbare Blüten zum Garnieren (nach Belieben)

Zubereitungszeit: 1 1/2 Std.
Pro Portion ca.: 175 kcal · 6 g EW · 7 g F · 21 g KH

MACHT WAS HER

1 Den weißen Spargel vom Kopf zum Ende hin schälen, holzige Schnittstellen abschneiden. Vom grünen Spargel nur die untere Hälfte der Stangen schälen und die Enden großzügig abschneiden. Den Spargel waschen.

2 Zitrone heiß waschen, trockenreiben und mit dem Zestenreißer einige feine Schalenstreifen abziehen. Den Saft auspressen.

3 Ca. 3/4 l Salzwasser zusammen mit 1 EL Butter zum Kochen bringen und mit knapp 1 EL Zucker sowie etwas Zitronensaft würzen. Den weißen Spargel darin zugedeckt ca. 20 Min. kochen. Herausheben und abtropfen lassen. Im selben Wasser den grünen Spargel 3 Min. blanchieren, herausheben und abtropfen lassen.

4 In einer Pfanne den restlichen Zucker vorsichtig erhitzen und schmelzen lassen. Sobald er hellbraun wird, die restliche Butter, das Öl sowie Zitronensaft und -schalenstreifen unterrühren. Den grünen Spargel zugeben und ca. 4 Min. von beiden Seiten braten. In der Pfanne abkühlen lassen.

5 Auf eine runde Platte abwechselnd den weißen und grünen Spargel mit den Köpfen nach außen legen.

6 Vom Chicorée die kleinen inneren Blätter ablösen und gleich lang schneiden. Die Blätter kreisförmig in die Plattenmitte legen. Die Erdbeeren waschen, in einem Sieb gründlich abtropfen lassen und auf die Chicoréeblätter setzen. Nach Belieben mit Kerbel und Blüten garnieren.

EXTRA TIPPS

Beigaben: Dazu schmecken sehr gut verschiedene Schinkensorten, z. B. Schwarzwälder Bauernschinken, Holsteiner Katenschinken, Westfälischer Knochenschinken oder gekochter Schinken.
Servieren Sie zur Spargelplatte nach Belieben zusätzlich eine **Ei-Kräuter-Sauce:** Für 4 Portionen 4 hart gekochte Eier, je 3 kleine Tomaten und Gewürzgurken fein würfeln. Mit Weißweinessig, neutralem Öl, Salz, weißem Pfeffer sowie etwas Zucker würzen und reichlich gehackte Kräuter (z. B. Schnittlauch, Dill, Kerbel, Zitronenmelisse) untermischen.
Auch eine **Walnuss-Sauce** schmeckt sehr lecker zu Spargel: Dafür 4 EL Aceto balsamico mit je 3 EL Walnuss- und (Trauben-)Kernöl, etwas Salz und schwarzem Pfeffer sowie 2 Prisen Zucker verschlagen. 2 EL gehackte Walnüsse untermischen. 2 frische Salbeiblätter in Streifen schneiden und über die Sauce streuen.
Und nicht zuletzt harmoniert auch der Bärlauchpesto von S. 98 (im Tipp) bestens, wegen des Farbkontrasts insbesondere mit weißem Spargel

Rohkost-Käse-Platte mit Dips

Zutaten für 8 Personen:

Für den Kräuter-Dip:
1 Bund gemischte Kräuter
1 Knoblauchzehe
125 ml Joghurt-Salatcreme
3 Zitronen · Senf · Pfeffer

Für den Grünen-Pfeffer-Dip:
1 EL grüner Pfeffer (aus dem Glas)
125 ml Joghurt-Salatcreme
Salz · Zucker

Für den Meerrettich-Dip:
je 4 EL Sahnemeerrettich (Glas)
3 $\frac{1}{2}$ EL Preiselbeerkompott
4 EL Portwein (nach Belieben)

Für den Apfel-Kresse-Dip:
3 aromatische Äpfel
Salz · Pfeffer · 1 Kästchen Kresse

Für den Mangodip:
2 reife Mangos · 3 EL Limettensaft
Salz · Zucker · Cayennepfeffer

Für den Macadamia-Dip:
1 Bund Basilikum
2–3 Knoblauchzehen
50 g Macadamia-Nüsse
$\frac{1}{8}$ l Macadamia-Öl (oder Olivenöl)
5 EL frisch geriebener Parmesan
Salz · Pfeffer

Für die Rohkost:
3 Fenchelknollen · 4–6 Möhren
je 1–2 rote, grüne und gelbe
Paprikaschoten
1 ganzer Staudensellerie
1 Salatgurke
2 kleine Köpfe Radicchio
500 g gemischter Schnittkäse
am Stück

Und:
kleine Spießchen
Kräuter und Blüten zum Garnieren
(nach Belieben)

Zubereitungszeit: 1 Std. 40 Min.
Pro Portion ca.: 475 kcal ·
29 g EW · 29 g F · 25 g KH

GUT VORZUBEREITEN

1 Für den **Kräuter-Dip** die Kräuter waschen, trockentupfen und bis auf einige Blättchen fein hacken. Den Knoblauch schälen und in die Salatcreme pressen. Die Kräuter unterrühren. Die Zitronen auspressen und den Kräuter-Dip mit 1 EL Zitronensaft (den restlichen Zitronensaft für die anderen Dips beiseite stellen) sowie Senf und Pfeffer abschmecken. Mit Kräuterblättchen garnieren.

2 Für den **Pfefferdip** die Pfefferkörner bis auf einige für die Garnitur zerdrücken, mit der Joghurt-Salatcreme verrühren. Mit 2 EL Zitronensaft, etwas Salz sowie 2 Prisen Zucker würzen. Mit den ganzen Pfefferkörnern garnieren.

3 Für den **Meerrettich-Dip** den Meerrettich mit 3 EL Preiselbeerkompott und Portwein verrühren. Das restliche Preiselbeerkompott zum Servieren als Klecks in die Mitte setzen.

4 Für den **Apfel-Kresse-Dip** die Äpfel schälen, fein reiben und sofort mit 2–3 EL Zitronensaft verrühren. Mit Salz und Pfeffer würzen. Die Kresse vom Beet schneiden, gut zwei Drittel davon untermengen und den Rest darüber streuen.

5 Für den **Mangodip** die Mangos schälen und das Fruchtfleisch vom Stein schneiden. Die Hälfte davon klein würfeln, den Rest zusammen mit dem Limettensaft pürieren. Den Dip mit 1 Prise Salz sowie Zucker und Cayennepfeffer würzen. Mit den Mangowürfelchen garnieren.

6 Für den **Macadamia-Dip** das Basilikum waschen, den Knoblauch schälen. Basilikumblättchen und Knoblauch zusammen mit Nüssen, 2 EL Zitronensaft, Öl und Parmesan im Mixer zu einer Paste verarbeiten. Mit Salz und Pfeffer abschmecken.

7 Alle Dips jeweils in kleine Schalen füllen. Das Gemüse waschen, putzen und in »fingerfood-geeignete« Streifen schneiden (von den Radicchiostreifen jeweils mehrere übereinander legen). Den Käse in mundgerechte Würfel oder Streifen schneiden.

8 Gemüse und Käse sortengleich auf einer großen Platte anrichten. Die Dips und kleine Spießchen dazustellen. Nach Belieben die Platte noch mit Kräutern und Blüten garnieren.

EXTRA TIPPS

Für den Kräuterdip eignen sich z. B. Dill, Petersilie, Kerbel und Basilikum.
Der Apfel-Kresse-Dip schmeckt mit den feinsäuerlichen Cox-Orange-Äpfeln sehr gut.
Natürlich können Sie Mengen und Sorten beim Gemüse ganz nach Geschmack variieren. Rechnen Sie pro Person einfach 200–250 g geputztes Gemüse.

KALTE PLATTEN

Zutaten für 2–3 Personen:

2 Doppelmatjes (oder 4 Matjesfilets)
½ Stange Meerrettich
2 EL Zitronensaft
1 Apfel (z. B. Boskop)
2 Prisen Zucker
Salz · weißer Pfeffer
1 große rote Zwiebel
1 Bund Brunnenkresse

Zubereitungszeit: 45 Min.
Bei 3 Personen pro Portion ca.:
245 kcal · 14 g EW · 18 g F · 6 g KH

KLASSIKER AUF NEUE ART

Matjes-Carpaccio mit Apfel-Meerrettich

1 Die Matjesfilets trennen und die Schwanzflossen abschneiden. Den Fisch mit einem scharfen Messer in sehr dünne Scheiben schneiden und fächerförmig auf eine große runde Platte legen (Rand und Mitte frei lassen).

2 Den Meerrettich putzen, schälen und fein raspeln. Sofort mit dem Zitronensaft vermengen, damit er nicht dunkel wird. Den Apfel schälen und grob reiben. Mit dem Meerrettich vermengen und die Mischung mit Zucker, Salz und Pfeffer abschmecken.

3 Die Zwiebel schälen und die Wurzel abschneiden. Die Zwiebel dann kreuzweise rundum im Abstand von ca. 6 mm bis kurz vor den Wurzelansatz einschneiden. Einige Stücke herausfallen lassen und die aufgeschnittene Zwiebel wie eine Blüte etwas auseinander drücken. In die Plattenmitte setzen.

4 Die Brunnenkresse waschen, putzen und die Blättchen abzupfen. Die Platte damit garnieren. Den Apfel-Meerrettich dazuservieren.

Zutaten für 6–8 Personen:

Für das Tatar:
1 geräucherte Makrele
1 Apfel
3 kleine Gewürzgurken
2 eingelegte Tomatenpaprikahälften
1 Eigelb
2–3 EL Zitronensaft
Salz · Pfeffer

Für die Platte:
200 g geräuchertes Aalfilet
1 Pfeffermakrelenfilet
3 geräucherte Forellenfilets
je 200 g Kräuterheilbutt und Schillerlocken
1 rote Paprikaschote
100 g Frischkäse · 2 EL Meerrettich
1 EL Sahne · Salz · Pfeffer
1 Friséesalat
1 Zitrone · 1 Bund Dill

Zubereitungszeit: 1 ½ Std.
Bei 8 Personen pro Portion ca.:
525 kcal · 40 g EW · 30 g F · 9 g KH

FÜR GÄSTE

Räucherfischplatte mit Makrelentatar

1 Für das Tatar die Makrele filetieren, sorgfältig alle Gräten entfernen und das Filet in kleinste Würfel schneiden. Apfel waschen, entkernen und zusammen mit Gurken und Tomatenpaprika ebenfalls fein würfeln. Alles mit Eigelb vermischen und mit Zitronensaft, Salz und Pfeffer würzen. In eine Schale füllen und bis zum Servieren kühl stellen.

2 Alle Räucherfische schräg in schmale Stücke schneiden. Die Paprikaschote waschen, putzen und in 2 cm breite Streifen schneiden. Den Frischkäse mit Meerrettich, Sahne, etwas Salz und Pfeffer verrühren. Den Salat zerteilen, die Blätter putzen, waschen und trockenschleudern.

3 Die Schale mit dem Makrelentatar auf die Platte stellen. Die Paprikaschiffchen seitlich verlaufen lassen und mit dem Frischkäse füllen. Die Fischstücke sortengleich anrichten.

4 Die Zitrone in Spalten schneiden und die Platte mit dem Salat, mit den Zitronenspalten sowie den Dillspitzen garnieren.

EXTRA TIPPS

Räucherfisch schmeckt noch besser, wenn er im Backofen leicht erwärmt wird (ca. 5 Min. bei 100°).
Zu dieser Platte passen zusätzlich noch sehr gut die gefüllten Lachsröllchen (ohne Kartoffelchips) von S. 18.
Beigabe: Dazu schmeckt kräftiges Bauernbrot mit Butter.

Dekotipp: Geformte Butter

Servieren Sie dazu Butterrosen, Butterröllchen, -scheiben oder auch im Model geformte Butter. Dafür ein Holzmodel 1 Std. in kaltes Wasser legen, damit es aufquellen kann. Danach etwas weiche Butter in dem Motiv verstreichen, so dass es gut ausgefüllt ist. Nun die Form mit Butter bis zum Rand füllen, die Butter dabei gut festdrücken, damit sich keine Luftblasen bilden. Das Model für 10 Min. in den Gefrierschrank oder für 30 Min. in den Kühlschrank legen und die Butter fest werden lassen. Das Model mit dem Rand an die Tischkante klopfen, so dass sich die Butter herauslöst.

Basilikum-Lachs-Platte

Zutaten für 8 Personen:

1 kg frisches Lachsfilet (Mittelstück)
1 EL schwarze Pfefferkörner
2 EL grobes Salz
1 EL Zucker
2 große Bund Basilikum
1 Apfel
1 hart gekochtes Ei
40 g frischer Meerrettich
3–4 EL saure Sahne
Salz
8 Scheiben Räucherlachs
Dill, einige Blätter Eisberg- und Eichblattsalat, 1 Zitrone sowie Tomatenrosetten (s. Dekotipp S. 59) zum Garnieren

Zubereitungszeit: 1 1/2 Std.
Beizzeit: 2 Tage
Pro Portion ca.: 380 kcal · 33 g EW · 25 g F · 6 g KH

MACHT WAS HER

1 Das Lachsfilet längs halbieren und mit einer Pinzette alle Seitengräten herausziehen. Kalt abbrausen und trockentupfen.

2 Die Pfefferkörner im Mörser grob zerstoßen, mit Salz und Zucker vermischen und über das Lachsfleisch streuen. 1 1/2 Bund Basilikum waschen, trockenschütteln, die Blätter in Streifen schneiden und auf eine Lachsfilethälfte drücken.

3 Die Filethälften zusammenklappen und in einen Gefrierbeutel legen. Den Beutel flach drücken, fest verschließen und den Lachs im Kühlschrank mindestens 2 Tage durchziehen lassen. Den Fisch zwischendurch immer wieder wenden, damit er in der sich bildenden Lake gut durchziehen kann.

4 Den Beutel öffnen, das Basilikum entfernen und den Lachs mit Küchenpapier abtupfen. Den Fisch auf ein Brett legen und mit einem langen dünnen und scharfen Messer sehr flach und schräg zum Schwanzende hin in sehr dünne Scheiben schneiden.

5 Den Apfel schälen und reiben. Das Ei pellen und fein hacken. Den Meerrettich schälen und sehr fein reiben. Mit Apfel, Ei und der sauren Sahne verrühren. Die Creme mit je 1 Prise Salz und Zucker abschmecken und dünn auf die Hälfte der Räucherlachsscheiben streichen. Diese aufrollen.

6 Das Kopfende einer Platte etwas erhöhen (s. auch S. 111) und mit Eisbergsalatblättern belegen. Darauf die unbestrichenen Lachsscheiben legen. Auf den noch freien Platz den Eichblattsalat legen, die gefüllten Lachsröllchen darauf setzen. Die Platte mit Dillspitzen, Zitronenspalten, Tomatenrosetten und dem restlichen Basilikum garnieren.

Variante
Graved Lachs – hier wird der Lachs mit Dill gebeizt: Dafür 2 Bund gehackten Dill zwischen die Lachsseiten streuen und den Fisch wie beschrieben durchziehen lassen. Auf diese Weise kann man übrigens auch anderen – nicht zu mageren – Fisch, z. B. Lachsforelle beizen.

EXTRA TIPP

Beigabe: Dazu schmeckt Toastbrot und **süße Senfsauce**: 3 EL scharfen Senf mit 2 EL Zucker, 2 EL Apfelessig, 6 EL Distelöl und 1 Bund gehacktem Basilikum oder Dill verrühren. In ein Schälchen füllen und dazustellen.

Italienische Vorspeisenplatte

Zutaten für 6–8 Personen:

½ Netzmelone
100 g Parmaschinken in hauchdünnen Scheiben
1 Packung Baghetti (150 g, ersatzweise Grissinistangen)
3–4 Tomaten
2 kleine rote Zwiebeln
einige große Salatblätter
je 100 g Mailänder Salami, Coppa (luftgetrockneter Schweinehals) und Mortadella in dünnen Scheiben
Salz · schwarzer Pfeffer
2 EL Olivenöl

Und:

Kapernfrüchte (Capperone, s. Tipp; ersatzweise große Kapern)
Oliven
eingelegte Peperoni
ca. 300 g gebratenes und mariniertes Gemüse (selbst zubereitet oder fertig vom Feinkosthändler, z. B. weiße Bohnen, Pilze, Auberginen, Zucchini, Zwiebeln)

Zubereitungszeit: 40 Min.
Bei 8 Personen pro Portion ca.:
340 kcal · 18 g EW · 17 g F · 37 g KH

SCHNELL

1 Aus der Melonenhälfte die Kerne entfernen, die Melone schälen und in schmale Spalten schneiden. Die Schinkenscheiben längs halbieren und die Baghettistangen zu etwa zwei Drittel damit umwickeln.

2 Die Tomaten waschen und vierteln. Die Zwiebeln schälen und in feine Ringe schneiden. Die Salatblätter putzen, waschen und trockenschleudern.

3 Eine große Platte bereitstellen. Die Melonenspalten auf eine Seite der Platte setzen, die umwickelten Baghetti dazulegen. Salami, Coppa und Mortadellascheiben leicht eindrehen und in der Mitte anrichten.

4 Tomatenviertel und Zwiebelringe auf die andere Plattenseite geben, mit Salz und Pfeffer würzen und mit Olivenöl beträufeln. Kapernfrüchte, Oliven und Peperoni dazwischen verteilen.

5 Die Salatblätter auf den noch freien Platz auf der Platte legen. Das eingelegte Gemüse abtropfen lassen und auf den Salatblättern anrichten.

EXTRA TIPPS

Kapernfrüchte sind die Früchte des Kapernstrauches, die sich aus den Knospen entwickeln, wenn man sie an der Pflanze belässt und sie zur Blüte kommen. Sie bekommen Kapernfrüchte im italienischen Feinkostladen in Essig oder Öl eingelegt und können sie wie eingelegte Oliven verwenden.
Beigaben: Kirschtomaten, Basilikumblättchen und Mini-Mozzarellakugeln abwechselnd auf Schaschlikspieße stecken und zusammen mit einem **Knoblauchpesto** dazuservieren: Dafür 4 Knoblauchzehen schälen, grob hacken und mit 120 g Pinienkernen sowie 1 TL Salz im Mixer (oder Mörser) zu einer Paste verarbeiten. Von 1 Bund Basilikum die Blätter abzupfen und fein schneiden. Knoblauchmischung, Basilikum, 200 g geriebenen Parmesan und 300 ml Olivenöl nach und nach verrühren, bis eine dickliche Sauce entstanden ist. Der Pesto hält sich fest verschlossen im Kühlschrank mehrere Wochen.
Sehr fein schmeckt zu dieser Platte auch ein **Bärlauchpesto:** Dafür 100 g Pinienkerne ohne Fett anrösten, im Mixer etwas zerkleinern. 1 Hand voll gewaschene Bärlauchblätter grob zerschneiden und dazugeben. Unter Mixen nach und nach ca. 150 ml Olivenöl zugießen, bis der Pesto schön cremig ist. Mit Salz und Pfeffer würzen.

KALTE PLATTEN

Gemüseplatte

Zutaten für 4–6 Personen:

Salz
6 weiße Zwiebeln
500 g Blattspinat
1 Aubergine
1 Fleischtomate
250 g kleine Austernpilze
2 Knoblauchzehen
250 ml Olivenöl
7 EL Aceto balsamico
Pfeffer
4 EL Semmelbrösel
100 g Ricotta
50 g Parmesan am Stück
1 Ei
$^1/_2$ TL Zucker
1 Bund Petersilie

Zubereitungszeit: 1 $^1/_2$ Std.
Zeit zum Durchziehen: 1 Std.
Bei 6 Personen pro Portion ca.:
400 kcal · 11 g EW · 34 g F · 12 g KH

GUT VORZUBEREITEN

1 In einem Topf Salzwasser aufkochen und die Zwiebeln mit der Schale darin 20 Min. kochen.

2 Inzwischen den Spinat putzen und waschen. Die Aubergine waschen, putzen und in Scheiben schneiden. Die Tomate waschen, vierteln, entkernen und klein würfeln. Austernpilze putzen, Knoblauch schälen.

3 Den Ofen auf 200° vorheizen. Die Zwiebeln schälen und quer halbieren. Die inneren Schichten (bis auf die 2–3 äußeren) herausnehmen und fein hacken.

4 In einer Pfanne 3 EL Öl erhitzen und die gehackten Zwiebeln darin andünsten. Den Spinat dazugeben und zusammenfallen lassen. Mit 1 EL Essig, Salz und Pfeffer würzen. Alles 3 Min. braten, zur Seite stellen, 2 EL Semmelbrösel und den Ricotta unterrühren. Diese Mischung in die ausgehöhlten Zwiebelhälften füllen.

5 Die Hälfte vom Parmesan fein reiben und mit den restlichen Semmelbröseln mischen. Das Ei verschlagen, die gefüllten Zwiebeln durchziehen und danach in die Panade drücken. Auf ein Blech setzen und im Ofen (Mitte, Umluft 180°) ca. 20 Min. backen. Auf einem Gitter abkühlen lassen.

6 Während die Zwiebeln backen, den größten Teil vom restlichen Öl in zwei Pfannen erhitzen.

7 Die Auberginen in der einen, die Austernpilze in der anderen Pfanne von beiden Seiten kräftig braun braten, dann mit Salz und Pfeffer würzen.

8 1 Knoblauchzehe hacken, mit 2 EL Essig, 1 Prise Zucker und den Tomatenwürfeln mischen. Auf den Auberginen verteilen und 1 Std. durchziehen lassen.

9 Restliches Öl, Essig, Zucker, etwas Salz und Pfeffer verrühren. Die zweite Knoblauchzehe schälen und dazupressen. Die Petersilie waschen, trockenschütteln, den größten Teil davon hacken und mit der Marinade unter die Austernpilze mischen. Durchziehen lassen.

10 Die Zwiebeln in die Plattenmitte setzen. Auf einer Seite die Auberginen anrichten. Den übrigen Parmesan grob raspeln, darüber streuen. Die Pilze auf der anderen Seite anrichten, mit der restlichen Petersilie garnieren.

DEKOTIPP Auf jeden Teller eine Gemüsedekoration legen: Dafür Möhren, Zucchini, Prinzessbohnen, Sellerie und/oder Kohlrabi in gleich große Juliennestreifen schneiden. Die Gemüsestreifen in kochendem Salzwasser kurz blanchieren, abtropfen lassen und zu bunt gemischten Bündeln zusammenfassen. Die Bündel entweder durch kleine Zwiebelringe stecken oder mit feinen Lauchstreifen bzw. mit Schnittlauchhalmen zusammenbinden.

Sushi-Platte nach westlicher Art

Zutaten für 4 Personen:

4 rote Spitzpaprika
8 marinierte große Sardinen (möglichst gleich groß, von der Fischtheke; ersatzweise sauer eingelegte Sardellen)
8 Schnittlauchhalme
2 reife Mangos
100 g geräucherte Gänse- oder Entenbrust in dünnen Scheiben
je 1 EL Weißweinessig und Zitronensaft
Salz
weißer Pfeffer, frisch gemahlen
3 EL Olivenöl
2 reife Kiwis
je 2 rote und gelbe Kirschtomaten (oder kleine Strauchtomaten)
1 1/2 EL geriebener Meerrettich (aus dem Glas)
1 1/2 EL Schmand
8 kleine Basilikumblättchen
3 Scheiben Mehrkorn-Kastenbrot
1 Apfel (Granny Smith)
100 g Räucherlachs
2 TL Keta-Kaviar

Zubereitungszeit: 2 Std.
Pro Portion ca.: 550 kcal · 47 g EW · 27 g F · 31 g KH

FÜR GÄSTE

1 Paprikaschoten waschen, halbieren und putzen. Mit der Hautseite nach oben auf ein Blech legen und 15–18 Min. grillen, bis die Haut schwarz wird und Blasen wirft. Schoten aus dem Ofen nehmen, mit einem nassen Tuch bedeckt abkühlen lassen, dann die Haut mit einem Messer abziehen.

2 Eine rechteckige Platte oder ein schönes Tablett bereitstellen. Auf jede Paprikahälfte 1 Sardine legen. Die Schoten als Reihe untereinander auf die Platte legen und jeweils mit 1 etwas gekürzten Schnittlauchhalm belegen.

3 Die Mango schälen und längs halbieren, dabei das Fruchtfleisch vom Stein schneiden. Aus den beiden »Backen« exakt gleich große, etwas abgerundete und mundgerechte Stücke schneiden. Von der Gänsebrust den Fettrand abschneiden. Das Fleisch etwas kleiner als die Mangostücke zurechtschneiden und darauf legen. Aus Essig, Zitronensaft, Salz, Pfeffer und Öl ein Dressing rühren. Die »Sushis« damit beträufeln, in die zweite Reihe legen.

4 Die Kiwis schälen, aus der Mitte 8 schöne Scheiben schneiden und in die dritte Reihe legen. Die Tomaten waschen, in Scheiben schneiden und Scheiben gleicher Größe abwechselnd auf die Kiwis legen. Meerrettich und Schmand verrühren und je einen winzigen Tupfer auf die Tomaten setzen. Mit Pfeffer bestreuen und je 1 Basilikumblättchen dazustecken.

5 Die restliche Meerrettichcreme auf die Brotscheiben streichen. Vom Apfel mit einem Kernausstecher das Gehäuse herauslösen. Den Apfel quer in dünne Scheiben schneiden, diese auf die Brotscheiben legen und darauf den Lachs verteilen.

6 Mit einem scharfen Messer vom Brot rundherum die Kruste abschneiden und die Scheiben in exakt 2 cm breite Streifen schneiden. Diese als letzte Reihe auf die Platte legen und mit etwas Kaviar garnieren.

EXTRA TIPP

Diese etwas anderen »Sushis« können Sie nach Belieben und Fantasie ergänzen oder austauschen. Aber nach Möglichkeit sollte das optische Bild immer klar und exakt sein. In einer Plattenecke sieht z. B. schön geschnitztes Obst oder Gemüse (s. u.) und eine Blüte sehr dekorativ aus.

DEKOTIPP

Geschnitztes Gemüse
Mittelgroße Champignonköpfe mit einem feuchten Tuch abreiben und mit einem Tourniermesser (kleines scharfes, spitzes Messer mit gebogener Klinge) von der oberen Mitte aus halbkreisförmig im flachen Winkel einschneiden. Die ausgeschnittenen Stücke aus den Spalten herausziehen und die Champignonköpfe mit Zitronensaft beträufeln, damit sie sich nicht braun verfärben. Dekorativ sehen auch Rettichblüten aus: Dafür ein ca. 6 cm langes Rettichstück schälen, mit einem spitzen Messer rundherum von oben bis fast nach unten einschneiden. Auf diese Weise entstehen nach und nach die »Blütenblätter«.

Gemischte Bratenplatte

Zutaten für 4 Personen:

1 hart gekochtes Ei
1–2 kleine Gewürzgurken
1 kleine rote Zwiebel
1 TL Kapern
1 TL Senf
200 ml Salatmayonnaise
1 TL Gurkensud (aus dem Glas)
Salz · Pfeffer
1 kleines Glas Spargelspitzen
(170 g Abtropfgewicht)
12 Scheiben Roastbeef
200 g Schweinebraten in Scheiben
200 g Kasseler in Scheiben
Salatblätter, Radieschen, frische Kräuter und Gewürzgurken zum Garnieren

Zubereitungszeit: 1 Std.
Pro Portion ca.: 420 kcal · 44 g EW · 26 g F · 2 g KH

GELINGT LEICHT

1 Das Ei pellen und mit den Gurken klein hacken. Die Zwiebel schälen und fein würfeln. Die Kapern hacken. Alles mit dem Senf, der Mayonnaise und dem Gurkensud cremig rühren, mit Salz und Pfeffer würzen. Den Spargel abtropfen lassen.

2 Die Roastbeefscheiben mit der Mayonnaisecreme bestreichen. Mit dem Spargel belegen, dabei die Köpfe etwas herausschauen lassen, und die Scheiben aufrollen (überstehende Spargelenden abschneiden).

3 Die Roastbeefröllchen in die Plattenmitte setzen. Daneben die Schweinebraten- und Kasselerscheiben halb eingeschlagen und überlappend anrichten. Mit Salatblättern, Radieschen, Kräutern und Gewürzgurken garnieren.

EXTRA TIPPS

Bei einem selbst zubereiteten Braten greift bestimmt jeder doppelt gern zu:
Für 4–6 Portionen **Schweinebraten** 1 kg Schweinekamm salzen, pfeffern und in Butterschmalz rundum anbraten. 2 geschälte Zwiebeln, 1 Tomate und etwas Wasser dazugeben. Das Fleisch im Ofen (Mitte) bei 200° ca. 1 1/2 Std. braten, erkalten lassen und dünn aufschneiden.
Für 4–6 Portionen **Roastbeef** 3 Knoblauchzehen mit etwas Salz zerdrücken, mit Pfeffer, 1 TL Senf, 1 TL getrocknetem Oregano und 6 EL Olivenöl verrühren. 1 kg Rinderlende damit bestreichen. Das Fleisch auf dem Rost im Ofen bei 225° (Mitte) 15 Min. garen. In die Fettpfanne 1/2 l kochendes Wasser gießen und das Roastbeef bei 180° (unten) in 35 Min. fertig garen, im abgeschalteten Ofen etwas ruhen lassen.

Rustikale Wurstplatte

Zutaten für 4–6 Personen:

3 Eier
einige schöne Salatblätter
1/2 Bund Petersilie
je 100 g weißer Presssack, Thüringer Rotwurst, grobe Mettwurst, Hausmacher Leberwurst, Kasseler, Leberkäse (Fleischkäse) in Scheiben
2 Tomaten
1 Stück Salatgurke
1 kleines Glas Mixed Pickles
(190 g Abtropfgewicht)

Zubereitungszeit: 35 Min.
Bei 6 Personen pro Portion ca.: 345 kcal · 19 g EW · 28 g F · 4 g KH

SCHNELL

1 Die Eier hart kochen, kalt abschrecken, pellen und achteln. Die Salatblätter und die Petersilie waschen und trockenschleudern.

2 Auf einer großen Holzplatte die Wurst sortengleich und gleichmäßig überlappend auflegen, dazwischen Salatblätter legen.

3 Die Tomaten waschen, halbieren und in Spalten schneiden. Die Gurke waschen und mit dem Buntmesser in Scheiben schneiden. Die Mixed Pickles abtropfen lassen. Die Platte mit Tomaten, Gurke, Mixed Pickles, Ei-Achteln und Petersilie garnieren.

EXTRA TIPPS

Bei einer deftigen Brotzeitplatte greift jeder gern zu! Variieren Sie z. B. mit Schwartenmagen, Sülze, Schweinebauchroulade, pikantem Schweinemett, Tatar oder Hackepeter, Tiroler Speck, Salami usw.
Beigaben: Dazu schmeckt kräftiges Brot, frische Brezeln sowie Senf und Meerrettich. Gut passen zu dieser Platte auch noch Gewürzgurken, Rettich und Radieschen.

Dekotipps: Radieschenknospen

Legen Sie doch einmal geformte Radieschenknospen als »Hingucker« auf eine Platte: Dafür schöne runde Radieschen waschen und putzen. Mit einem spitzen Messer (Tourniermesser) in die Schale von oben her 8–10 schmale Blätter einschneiden. Die Blätterspitzen vorsichtig mit der Messerspitze nach außen aufbiegen und die Radieschen für ca. 30 Min in Eiswasser legen. Wenn sich die Blüten schön geöffnet haben, die Radieschen abtropfen lassen und auf die Platte legen.

Herrenplatte

Zutaten für 6 Personen:

3 Hähnchenbrustfilets ohne Haut und Knochen (je ca. 250 g)
abgeriebene Schale und Saft von 1/2 unbehandelten Zitrone
Salz · Pfeffer
Cayennepfeffer
je 2 EL Senf und Sahne
2 Eigelbe
100 g Semmelbrösel
1 Brötchen vom Vortag
1 Zwiebel
1 Knoblauchzehe
3 EL Butter
300 g gemischtes Hackfleisch
1 Ei
je 2 Msp. getrockneter Oregano, Thymian und gemahlener Kümmel
1 Bund Petersilie
6 dünne kleine Kalbsschnitzel (je ca. 80 g)
2 EL Olivenöl
2 EL Rotwein
2 EL Kapern
Mehl zum Bestäuben
Butterschmalz zum Braten
Und:
Spießchen
einige Salatblätter, Gewürzgurken, Kirschtomaten und Zitronenspalten zum Garnieren

Zubereitungszeit: 2 Std.
Pro Person ca.: 585 kcal · 61 g EW · 28 g F · 17 g KH

GUT VORZUBEREITEN

1 Die Hähnchenbrustfilets kalt waschen, gut trockentupfen und längs teilen. Die Hälften nochmals durchschneiden, dabei die Sehnen und Fettränder entfernen. Jede Seite mit etwas Zitronensaft sowie Salz, Pfeffer und Cayennepfeffer würzen.

2 Die Zitronenschale mit dem Senf, der Sahne und den Eigelben verrühren. Die Hähnchenbrustfilets dünn mit Mehl bestäuben, dann mit der Eigelbmischung bestreichen und 1 Std. abgedeckt durchziehen lassen. Danach in Semmelbröseln wälzen und von jeder Seite ca. 4 Min. in Butterschmalz goldbraun braten.

3 Das Brötchen in heißem Wasser einweichen. Die Zwiebel und den Knoblauch schälen, klein würfeln und in 1 EL Butter glasig andünsten. Das Hackfleisch mit Ei, Salz, Pfeffer, Cayennepfeffer, Oregano, Thymian und Kümmel kräftig würzen.

4 Das Brötchen ausdrücken, mit den Zwiebeln zum Hackfleisch geben. Petersilie waschen, trockenschütteln, 1/2 Bund hacken und unterarbeiten. Aus der Masse Bällchen formen und diese in Butterschmalz unter Wenden in ca. 25 Min. schön braun braten. Auf Küchenpapier abtropfen und erkalten lassen.

5 Die Kalbsschnitzel ein Mal durchschneiden und etwas flach drücken. Mit etwas Salz und Pfeffer würzen und dünn mit Mehl bestäuben. Die Schnitzel in der restlichen Butter und dem Olivenöl von jeder Seite 2 Min. braten. Den restlichen Zitronensaft, den Wein und die Kapern dazugeben, das Fleisch darin wenden und auskühlen lassen.

6 In die Plattenmitte Salatblätter legen, die Fleischbällchen darauf anrichten, Spießchen hineinstecken und mit Gurken und Tomaten garnieren. Jeweils auf eine Seite die Hähnchen- und Kalbsschnitzelchen legen. Die Platte mit Zitronenspalten und der restlichen Petersilie garnieren.

Variante
Sehr schmackhaft auf dieser Platte ist auch **Vitello tonnato**, ein Klassiker aus Italien. Dafür 1 Dose Tunfisch naturell (135 g Abtropfgewicht) mit 2 EL Brühe und 4 Sardellenfilets (aus dem Glas) pürieren. 1 Eigelb und nach und nach ca. 100 ml Öl unterrühren, bis eine dickliche Sauce entsteht. Mit Zitronensaft, Salz und Pfeffer pikant abschmecken. Die Sauce über 300 g sehr dünn aufgeschnittenen Kalbsbraten (oder auch auf gegartes Putenbrustfilet) streichen und mit kleinen Kapern bestreuen.

Herzhafte Käseplatte

Zutaten für 4–6 Personen:

200 g reifer Limburger
100 g weiche Butter
2 kleine rote Zwiebeln
edelsüßes Paprikapulver
1 Münsterkäse
200 g Bergkäse am Stück
100 g Tilsiter in Scheiben
2 Scheiben Korbkäse
1 Rolle Sauermilchkäse
(z. B. Harzer)
1/2 TL Kümmelkörner
Und:
Salatblätter · Holzspießchen
Radieschen, aufgeschnittener
Rettich und Salzbrezeln

Zubereitungszeit: 45 Min.

Kühlzeit: 1 Std.

Bei 6 Personen pro Person: ca.:
465 kcal · 31 g EW · 44 g F · 1 g KH

GELINGT LEICHT

1 Den Limburger klein schneiden, die Butter dazugeben und den Käse mit der Gabel zerdrücken. 1 Zwiebel schälen, in kleine Würfel schneiden und untermischen. Die Masse 1 Std. in den Kühlschrank stellen. Danach aus der Masse kleine Kugeln formen und in Paprikapulver wälzen.

2 In die Käsekugeln kleine Holzspieße stecken, die Käsekugeln etwas seitlich auf Salat anrichten.

3 Den Münsterkäse in die Mitte, den Bergkäse an den Rand der Platte setzen. Die Tilsiterscheiben diagonal durchschneiden und überlappend auflegen.

4 Den Korbkäse etwas aufschneiden, den Sauermilchkäse teilen und beides auf die Platte legen. Die zweite Zwiebel schälen, in Ringe schneiden und zusammen mit etwas Kümmel auf diesen beiden Käsesorten verteilen.

5 Die Käseplatte mit Radieschen, Rettich und Salzbrezeln schön garnieren.

EXTRA TIPP
Beigabe: Dazu passen frische Laugenbrezeln, Kümmelstangen und kräftiges Bauernbrot sowie Butter (z. B. salzige Rollenbutter mit dem Buntmesser geschnitten) oder auch ein Obatzder (Rezept S. 86).

Internationale Käseplatte

Zutaten für 6–8 Personen:

150 g Gruyère in dicken Scheiben
100 g Roquefort
4 EL Crème fraîche
1 EL Weinbrand (nach Belieben)
16 Pumpernickeltaler
16 Walnussviertel
einige frische Weinblätter
1 reifer Camembert mit Farnkraut
250 g Stilton am Stück
je 100 g Bel Paese und Appenzeller
in Scheiben
je 1 kleiner Nuss-Rum-Käse,
Ziegenkäse mit Gewürzen und
Ziegen- oder Schafkäse mit
Kräutern
Und:
blaue und weiße Trauben
Spießchen
Erdbeeren, Birnen und Feigen

Zubereitungszeit: 1 1/4 Std.

Bei 8 Personen pro Portion ca.:
585 kcal · 35 g EW · 44 g F · 10 g KH

FÜR GÄSTE

1 Aus dem Gruyère mit einem kleinen Ausstecher Motive (z. B. Herzen, Sterne, Pilze) ausstechen. Trauben waschen, trocknen und auf jedes Käsemotiv mit einem Spießchen 1 Traube stecken.

2 Roquefort mit Crème fraîche und Weinbrand cremig verrühren, in einen Spritzbeutel füllen, auf die Pumpernickeltaler spritzen. Mit den Walnüssen garnieren.

3 Die Weinblätter auf eine Marmorplatte (oder großes Holzbrett) legen. Den Camembert darauf setzen, eine Ecke herausschneiden und etwas vorrücken. Den Stilton achteln, daneben anrichten. Bel-paese- und Appenzeller-Scheiben teilen, überlappend auflegen. Nuss-, Gewürz- und Kräuterkäse verteilen. Pumpernickeltaler und ausgestochenen Gruyère dazusetzen.

4 Restliche Weintrauben und Obst nach Belieben aufschneiden und auf der Platte verteilen.

EXTRA TIPPS
Lassen Sie sich beim Käsekauf am besten im Käsefachgeschäft beraten – hier hat der gewünschte Käse garantiert auch den richtigen Reifegrad.
Beigaben: Reichen Sie zu dieser Käseplatte verschiedene Brotsorten, z. B. Vollkornbrot, Baguette, Roggenstangen, Ciabatta, Walnuss- und Olivenbrot, Kräcker sowie schön geformte Butter (s. Dekotipp S. 95).

Küchenhelfer

Um Fingerfood, kalte Platten oder Salate lecker, dekorativ und mit möglichst wenig Arbeitsaufwand servieren zu können, bedarf es einiger nützlicher Helfer.

Die wichtigsten **Werkzeuge** für all das Schnippeln, Ausstechen, Teilen, Spritzen, Verzieren, Garnieren und Erhöhen sind:
Allesschneider, Handrührgerät, Blitzhacker, Salatschleuder, Knoblauchpresse, Eierschneider, Gemüseraspel, Reibe, Zitronenpresse, Sparschäler, Apfelausstecher, geschärftes Messersortiment, Küchenschere- und pinsel sowie eine gute Pfeffermühle.

Daneben können aber auch noch einige weniger gebräuchliche Kleingeräte gute Dienste leisten:

Das **Kanneliermesser** oder Ziseliermesser **(Step 1)** sorgt für klare Linien. Durch die zu einem scharfen Zacken geformte Öffnung der Klinge lassen sich im Nu etwa 1–2 mm tiefe Rillen in Obst oder Gemüse ritzen

Mit Hilfe des **Buntmessers (Step 2)** entstehen geriffelte Scheiben und Stifte. Rohes und gekochtes Gemüse, aber auch Butter, Eier und Hartkäse erhalten damit attraktive Muster.

4   5   6

Mit dem v-förmigen **Dekoriermesser (Step 3)** kann man z. B. bei Tomaten, Radieschen oder Zitrusfrüchten die Schnittkanten als gleichmäßige Zacken formen. Die Messerklinge rundherum bis zur Fruchtmitte hineindrücken und die beiden Teile auseinandernehmen.

Mit **Ausstechförmchen (Step 4)** lassen sich Scheiben von Wurst, Schinken, Käse, Eiern, Gemüse oder Brot in verschiedenen Motiven ausstechen.

Mit **Kugel- und Perlenausstechern (Step 5)** können Sie aus Obst oder Gemüse schöne kleine Kugeln herausdrehen (z. B. für Salate, Platten, Bowlen usw.).

Mit Hilfe zweier **Butterbrettchen (Step 6)** lassen sich kleine Butterkugeln drehen. Dafür walnussgroße Stückchen zwischen den nassen geriffelten Brettchen rund rollen. Die Butterkugeln können anschließend zusätzlich in gehackten Kräutern, Paprikapulver oder geriebenem Pumpernickel gewälzt werden.
Außerdem sieht Butter durch spezielle **Butterformer** oder im **Model** geformt, sehr dekorativ aus (s. auch Dekotipp auf S. 95).

Für **Spritzbeutel** gibt es diverse Loch- und Sterntüllen in unterschiedlichen Größen. Damit lässt sich z. B. Mayonnaise, weiche Butter, Schlagsahne, Meerrettich oder cremiger Frischkäse in schönen Tupfen, Rosetten, als Linien, Schleifen, Gitter und Kringel spritzen. Die Masse glatt und möglichst ohne Luftblasen einfüllen. Zum Spritzen mit einer Hand den Beutel halten, die andere führt die Tülle.

PLATTEN MIT RELIEF

Keine Platte muss flach wie ein Brett hergerichtet werden! Durch Unterbauten (umgedrehte Tassen, Teller, Schüsselchen) kann man kleine Erhöhungen aufbauen, die dann beispielsweise mit Salatblättern oder Papierspitzen kaschiert werden. Mit Alufolie lassen sich auch beliebige (z. B. gurken- oder apfelähnliche) Formen zusammendrehen.
Auf solche Unterbauten können Wurst, Schinken- oder Käsescheiben gleichmäßig überlappend aufgelegt werden. Kleine Zahnstocher oder Cocktailspießchen fixieren und halten die Scheiben zusammen.

1   2   3

Vorschläge fürs kalte Büfett und Picknick

Rustikales Büfett
Bohnensalat (S. 50)
Eingelegter Knoblauch (S. 62)
Feldsalat mit Kartoffeldressing (S. 40)
Gemischte Bratenplatte (S. 104)
Gurkensalat (S. 46)
Herzhafte Käseplatte (S. 108)
Herzhafter Kartoffelsalat (S. 54)
Räucherfischplatte (S. 94)
Rustikale Wurstplatte (S. 104)
Tomatensalat (S. 46)
Wurstsalat (S. 56)

Italienisches Büfett
Ciabatta (S. 78)
Crostini-Platte (S. 70)
Eingelegte Zucchini (S. 62)
Eingelegter Ziegenkäse (S. 60)
Garnelen mit Aioli (S. 24)
Gefüllte Datteln (S. 34)
Gefüllte Tomaten (S. 30)
Gerollter Parmaschinken (S. 24)
Italienische Vorspeisenplatte (S. 98)
Mangoldsalat (S. 42)
Marinierte Zucchinihäppchen (S. 10)
Toskanisches Landbrot (S. 78)

Für Gourmets
Avocadosalat mit Lachs (S. 58)
Basilikum-Lachs-Platte (S. 96)
Exotischer Früchtesnack (S. 26)
Früchtekonfekt (S. 34)
Gefüllte Croustades (S. 6)
Gefüllte Lachsröllchen (S. 18)
Gourmetsalat (S. 36)
Internationale Käseplatte (S. 108)
Kaviarherzen (S. 20)
Löffelbüfett (S. 16)
Matjes-Carpaccio (S. 94)
Schinkenplatte mit Früchten (S. 88)
Schnelle Partybrötchen (S. 80)
Spargelplatte (S. 90)

Brunch
(Einzelrezepte von der) Brotparty (S. 86)
Cäsarsalat (S. 48)
Gefüllte Eier (S. 14)
Gefüllte Salatblätter (S. 44)
Gemischte Bratenplatte (S. 104)
Kartoffeln mit Matjessalat und Rucola (S. 54)
Lachs- und Chicken-Bagels (S. 76)
Matjes- und Shrimpstaler (S. 28)
Obstsalat (S. 52)
Pikanter Hähnchensalat (S. 58)
Rote-Beten-Salat (S. 42)
Rucolasalat mit Feta (S. 40)
Sushi-Tütchen mit Avocadodip (S. 32)
Tsatsiki (S. 64)

Picknick
Apfel-Möhren-Salat (S. 52)
Brotsalat (S. 84)
Gefülltes Baguette (S. 72)
Herrenplatte (S. 106)
Herzhafter Kartoffelsalat (S. 54)
Nudel-Pilz-Salat (S. 56)
Obstsalat (S. 52)
Roastbeef-Rucola-Sandwiches (S. 68)
Rohkost-Käse-Platte mit Dips (S. 92)
Sandwiches im Brotkasten (S. 66)
Tunfisch-Sandwiches (S. 68)
Würzige Soleier (S. 60)

GEKONNT ANRICHTEN

Wenn Sie eine kalte Platte anrichten, ist es optisch in jedem Fall besser, eine etwas größere als eine zu kleine Platte zu nehmen. Denn es sieht schöner und großzügiger aus, wenn die Ränder frei bleiben. Und auch die Abstände zwischen den einzelnen Reihen von Häppchen und Canapés dürfen nicht zu eng sein, dann tut man sich leichter beim Zugreifen. Unterschiedliche Häppchen können Sie zusätzlich durch Kräuter, Salat- oder Gemüsestreifen abgrenzen.
Ist eine Platte fertig dekoriert, empfiehlt es sich, sie bis zum Servieren mit Klarsichtfolie abzudecken.

SERVIERGESCHIRR

Einige Salatschüsseln, kleine und größere Platten, Teller sowie verschiedene Tabletts, Bretter, Tortenplatten und Brotkörbe haben Sie sicher selbst. Und für eine größere Party können Sie bestimmt bei Familie, Freunden oder Nachbarn weitere Teile ausleihen. Zum Anrichten eignen sich aber auch Backbleche oder -roste, die mit zugeschnittenen Bananenblättern (gibts im Asienladen bzw. kann man dort bestellen), Pergamentpapier oder buntem Löschpapier belegt werden.
Wenn Sie sich Geschirr anschaffen wollen: Im Handel werden Platten aus Cromargan, Porzellan, Silber, Glas, Marmor und Holz in allen Größen und Preislagen angeboten. Und wer besonders originelles Serviergeschirr sucht, wird vielleicht auf speziellen Haushaltswaren- und Flohmärkten fündig.
Planen Sie ein Picknick, so sind für den Transport verschließbare bruchfeste Dosen mit Deckel ideal.

WIE VIEL VON WAS?

In der Regel rechnet man für 1 Büfett pro Person:
Fisch: 100–150 g
Wurst: 100–150 g
Fleisch: ab 200 g (ohne Knochen)
Käse: 50–100 g
Eier: 1–2 Stück
Quark: 50–100 g
Salate: 40–50 g
Früchte: 150–200 g
Brot: 2–3 Scheiben
Brötchen: 1–2 Stück
Butter: 10 g
Saucen: 1/8 l
Obst als Nachtisch: 150 g

Deko zum Aufessen

Salate, frische Kräuter und Blüten sind als schmückendes Beiwerk in der Kalten Küche nicht wegzudenken. Hier stellen wir Ihnen die wichtigsten Sorten kurz vor:

Salate

Kopfsalat: Er ist bei uns immer noch die Nummer 1 im reichhaltigen Salatangebot. Inzwischen werden vermehrt auch die kleinen festen Salatherzen ohne Umblätter angeboten. Es gibt außerdem rotblättrige Kopfsalat-Varietäten, die optisch ausgesprochen attraktiv sind.
Romanasalat: Seine länglichen, festen und knackigen Blätter schmecken recht herzhaft und halten sich, weil sie etwas derber sind, länger frisch als Kopfsalat.
Bataviasalat: Dieser Eissalat-Typ ist im Geschmack dem Eissalat ähnlich, aber weniger knackig. Die Köpfe mit den leicht gewellten Blättern gibt es in verschiedenen Grüntönen.
Eisbergsalat: Er ist vor allem wegen seiner knackigen und fleischigen Blätter beliebt, die nicht so rasch zusammenfallen wie die anderer Kopfsalatsorten und eine ideale Unterlage für Kalte Platten sind.
Lollo rosso und bianco: Hier können die gekrausten hellgrünen oder auch rötlichen Blätter mit dem angenehm kräftigen und etwas bitteren Geschmack nach Bedarf einzeln vom Strunk gezupft werden.
Eichblattsalat: Er besticht nicht nur durch seine eichenlaubähnlichen Blätter, sondern auch durch seinen nuss-ähnlichen Geschmack und eignet sich besonders zur Dekoration festlicher Platten.
Chicorée: Die länglichen Stauden mit den saftig-knackigen und herben Blättern sind nicht nur in Gelb, sondern auch in Rot und Grün erhältlich – für diese Spezialitäten am besten beim Gemüsehändler nachfragen.
Endiviensalat: Dieser mit dem Chicorée verwandte und daher ebenfalls etwas herbe Salat wird entweder in feine Streifen geschnitten oder sehr klein gezupft.
Friséesalat: Eine Varietät des Endiviensalats – ebenfalls mit leicht bitterem Geschmack. Die knackig-zarten krausen Blätter harmonieren gut mit Paprikaschoten und Tomaten, aber auch mit Obst.
Radicchio: Die kräftig roten, dicht geschlossenen kleinen Köpfe sind fast ganzjährig erhältlich. Mehrere Blätter übereinander gelegt ergeben kleine Schüsselchen, in die man z. B. Feinkostsalate oder cremige Saucen füllen kann. Wer die Bitterstoffe etwas reduzieren will, sollte die Racicchioblätter lauwarm waschen.
Feldsalat: Die Pflänzchen mit den dunkelgrünen länglichen Blättern sind ausgesprochen dekorativ. Nach dem Waschen den Wurzelteil nur so weit abschneiden, dass die Büschel noch zusammenhalten.
Rucola: Dieses Salatkraut mit seinem würzig-nussigen und leicht bitteren Geschmack ist wegen seiner gezackten, löwenzahnähnlichen Blätter als Dekoration beliebt.

DEKO ZUM AUFESSEN

Frische Kräuter und essbare Blüten

Basilikum: Es gibt sehr viele verschiedene Arten, unter anderem auch das rotblättrige Thai-Basilikum. Eine große Auswahl bieten Gärtnereien, aber auch manche Gemüsehändler.

Borretsch/Gurkenkraut: An seinen dicken behaarten Stängeln leuchten ab Mai kleine blaue Blütensterne. Sie eignen sich als Dekoration von Platten, Salaten, aber auch Drinks und können sogar auf Vorrat gepflückt werden – siehe Tipp auf S. 46.

Dill: Die feinen zarten Spitzen sind eine ideale essbare Garnitur auf Fischplatten, zu Quark, Gurken und allen grünen Blattsalaten.

Estragon: Die langen schmalen Blättchen mit dem feinen Aroma passen gut zu Spargel, Blumenkohl, Fisch, Eiern, Senf oder hellem Fleisch.

Gänseblümchen: Sie schmücken Platten und Salate. Zum Mitessen eignen sich allerdings nur abseits von Autostraßen gepflückte Blüten.

Kerbel: Er ist ein sehr empfindliches Pflänzchen mit einem leicht bitteren Anisaroma – eine ideale Dekoration von besonders feinen Platten, insbesondere mit Ei und Fisch.

Koriandergrün: Es wird auch asiatische Petersilie genannt und hat ein sehr spezielles süßliches und gleichzeitig pfeffriges Aroma.

Kresse: Gartenkresse kann man selbst in Motivform ziehen: Samen z. B. als Herz oder Zahl auf einige Lagen feuchtes Küchenpapier streuen, etwa 1 Woche sprießen lassen. Brunnenkresse wird

von Mai bis Juli auf Märkten angeboten. Sie passt mit ihrem scharfen, pfeffrigen Geschmack sehr gut zu Eiern und Lachs. Kapuzinerkresse schließlich liefert uns mit ihren leuchtend gelborangen Blüten, echte »Hingucker« für Kalte Platten.

Minze: In gut sortierten Gärtnereien werden bis zu 30 verschiedene Minze-Arten angeboten. Mit seinem intensiven erfrischenden Duft und Geschmack ergänzt Minze besonders Desserts, Obstsalate und Drinks.

Oregano: Von dem aromatischen Kraut können nicht nur die Blätter, sondern auch die schönen blassvioletten Blüten mitgegessen werden.

Petersilie: Dieses »Universalkraut« eignet sich sowohl in der glatten als auch in der gekrausten Form als Garnitur für alle Gerichtearten.

Rosenblüten(-blätter): Sie eignen sich besonders als festliche Dekoration – aber zum Mitessen immer nur ungespritzte Blüten nehmen. Und es müssen auch nicht unbedingt Zierrosen sein: Schön sehen auch die zarten Blüten der Heckenrosen aus.

BLÜTEN SELBER ZIEHEN

Im Frühjahr und Frühsommer können Sie sich für die »blumige« Dekoration von Tellern und Platten im eigenen Garten bzw. vom Balkon oder der Fensterbank bedienen: In Fachgeschäften gibt es Samenmischungen von Pflanzen mit bunten essbaren Blüten, z. B. Primeln, Ringelblumen, Stiefmütterchen, Begonien, Gewürztagetes, Malven, Esschrysanthemen, Lavendel, Zitronengeranien. Ausgesät werden können diese Blumen zwischen Ende April und Juni. Auch Kapuzinerkresse und Veilchen lassen sich gut selber ziehen.
Und wenn im Frühjahr die Obstbäume blühen, nehmen Sie doch ein paar einzelne zarte Apfel-, Birnen- oder Kirschblüten mit. Sie sehen zu edlen Salaten und feinen Süßspeisen besonders dekorativ aus.

Salbei: Nicht nur die Blätter, sondern insbesondere auch die violetten Blüten schmücken beispielsweise rustikale Wurst- und Fleischplatten.

Schnittlauch: Ihn kann man gut im Topf ziehen, da er im Gegensatz zur Petersilie über lange Zeit immer wieder nachwächst. Auch seine kleinen blau-lila Blütenkugeln sind ausgesprochen dekorativ.

Thymian: Er gehört zu den provenzalischen Kräutern und passt damit sehr gut zur meditarranen Küche. Mit seinen blassvioletten Blüten kann man Gemüse, Tomaten und auch Wustplatten dekorieren.

Veilchen: Intensiv farbig und gleichzeitig sehr zart, sind diese Blüten eine sehr edle Garnitur. Am besten die ungespritzten Veilchen aus dem eigenen Garten nehmen.

Weinblätter: Sie eignen sich als Abdeckung für Bleche und Platten sowie als Unterlage für Käse.

Zitronenmelisse: Ihr zitroniger Geschmack passt besonders zu Kräuterbutter, Salaten, fruchtigen Desserts und erfrischenden Drinks.

Aus Fertigprodukten gezaubert

Sie kommen abgehetzt nach Hause und es haben sich Überraschungsgäste angesagt. Da heißt es spontan sein und rasch überlegen, was Sie auf die Schnelle Schmackhaftes und hübsch Angerichtetes auf den Tisch zaubern können.

Vielleicht reicht die Zeit ja noch für einen kleinen Einkauf im nächsten Supermarkt, doch auf jeden Fall sollten Sie eine Palette an haltbaren Zutaten – Fertig- und Halbfertigprodukte – für Häppchen, Salate oder kalte Platten vorrätig haben. Nachfolgend finden Sie eine Ideensammlung für Kalte-Küchen-Basics, Beigaben und Garnituren, von denen Sie eine Auswahl immer im Vorratsschrank oder Kühlschrank haben können, die aber auch rasch noch zu besorgen sind.

Brot und Brötchen zum Selberbacken (Kühlregal)
- Baguette mit Gorgonzola, Kräuterbutter, Knoblauch, Kräutern, Pfeffer, Röstzwiebeln
- Sonntagsbrötchen (aus Weizen-Frischteig)
- Croissants
- Buttermilchbrötchen

Abgepackte Brötchen und salzige Backwaren
- Mehrkorn-Baguette-Brötchen (zum Aufbacken)
- Burger und Mega-Burger
- Weizen-Toasties
- Pita-Brottaschen
- Croustades
- Tortelletts
- Bruschetti (Brot-Chips)
- Baghetti
- Grissini in verschiedenen Geschmacksrichtungen
- Cracker-Mischungen
- Taco-Shells und Soft-Tacos

Brotaufstriche (Kühlregal)
- vegetarische Brotaufstriche mit Knoblauch, Paprika, gemischten Kräutern, Dill, Gurke, Meerrettich
- würzige Pasten auf Ölbasis wie Oliven, Tomaten, Maronenpaste
- Frischkäse von extra sahnig bis kalorienarm, z. B. mit Buttermilch oder Joghurt
- verschiedene Quarksorten, Ricotta, Tsatsiki, Gänseschmalz …
- abgepackter Lachs-, Käse-, Wurst- und Schinkenaufschnitt

Feinkostsalate und Mariniertes (Kühlregal/Fischtheke)
- Kartoffel-, Kraut-, Schinken-Lauch-, Waldorf-, Sellerie-, Eier-, Tunfisch-, Krabben-, Herings-, Geflügel- und Fleischsalate
- Räucherfische
- marinierte Sardinen
- marinierte Shrimps
- Surimi (geformtes Fischfleisch)
- konservierte Muscheln und Meeresfrüchte
- gefüllte Weinblätter

Feinkost aus Glas und Dose
- mariniertes Gemüse, z. B. Artischocken, Tomaten in Öl
- Oliven in Öl oder in Salzlake
- sauer Eingelegtes wie Gewürz- und Senfgurken, Rote Beten, Zwiebelchen, Paprika, Mischgemüse, Peperoni und Pilze

Saucen und Dips
verschiedenste Salat-, Cocktail- und Remouladensaucen sowie würzige Salsas und Dips, wie man sie beispielsweise für ein Fondue-Essen verwendet

BESONDERS EXQUISIT

Wer ein wenig mehr Zeit zum Einkaufen hat, kann in gut sortierten Supermärkten und in Fachgeschäften auch noch Spezialitäten ergattern, beispielsweise …

… fertiges Sushi-Sortiment in Boxen
… fertige Teigmischung und Füllung für Wraps (»Wrap it«)
… verschiedene fertige Terrinen- und Pasteten (z. B. Gemüse-, Fleisch-, Wild-, Lachs- oder Forellenterrine bzw. -pastete)

AUS FERTIGPRODUKTEN GEZAUBERT

1   2   3

Basics aus der Kalten Küche

Häppchen und Arrangements aus der kalten Küche müssen, um geschmacklich zu überzeugen, weder besonders teuer noch mit unverhältnismäßig vielen verschiedenen Zutaten zubereitet sein. Das beweisen die folgenden Vorschäge: kleine Rezepte, die rasch und ohne großen Küchenwirbel angerichtet sind.
Nur sollten Sie daran denken, dass das Auge immer mitisst und deshalb immer alles einladend anrichten und appetitlich garnieren!

Kleine Häppchen

Für **Schinken-Crostini** Baguettescheiben toasten und darauf etwas Olivenpaste streichen. Die Brotscheiben mit Parmaschinken belegen, mit Oliven- und Tomatenscheiben garnieren **(Step 1)**.
Für **Salami-Crostini** Ricotta mit etwas Olivenöl und Aceto balsamico, Salz und Pfeffer würzen. Den Frischkäse dick auf getoastete Baguettscheiben streichen und mit italienischer Salami und Basilikum belegen **(Step 1)**.
Immer wieder lecker: **Brote mit Feinkostsalaten**. Dafür eine Baguettestange in Scheiben schneiden, mit Salatblättern belegen und darauf fertig gekauften Geflügel- oder Heringssalat häufeln. Mit Tomatenstreifen und Kresse garnieren **(Step 2)**.

Saftig **belegte Vollkornbrote**: Die Brotscheiben mit Butter oder Margarine bestreichen. Mit Salatblättern und z. B. mit Wurst-, Schinkenaufschnitt oder Eischeiben belegen. Die Brote durchschneiden, auf einer Platte anrichten und mit Gewürzgurken, Maiskölbchen, Tomaten, Petersilie garnieren **(Step 2)**.
Bunte **Pumpernickel-Käse-Happen**: Pumpernickelscheiben oder -taler zur Hälfte mit Frischkäse bestreichen, mit Schnittlauch und Paprikawürfelchen bestreuen. Die zweite Hälfte mit Salat belegen, darauf Käseaufschnitt anrichten und garnieren **(Step 3)**.

Brunch und Abendessen

Verschiedene **fertige Feinkostsalate** in Schüsselchen füllen, mit Scheibchen von Kirschtomaten, Oliven und Petersilie garnieren.
Räucherlachs auf eine Platte legen, mit Dill, Zitronenspalten und geriebenem Meerrettich (aus der Tube) garnieren.
Eine Platte mit **Wurst- und Schinkenaufschnitt** belegen, mit Mixed pickles und Kräutern garnieren.
Verschiedene **Käsesorten** mit Feigenscheiben, Birnenspalten, Physalis und/oder Weintrauben auf einem Brett anrichten.
Eine **Butterrolle** in Scheiben schneiden, in Körbchen mit Servietten verschiedene **Brot- und Brötchensorten** bereitstellen.
Zum Trinken Mineralwasser, Säfte, Bier, Wein und Sekt anbieten.

Kalte Zugaben – wärmstens empfohlen

An heißen Sommertagen ein eiskaltes Süppchen, eine süße Kaltschale, eine fruchtige Bowle oder einen kühlen Drink genießen – das ist nicht nur erfrischend, sondern schnell und einfach zubereitet und schmeckt eigentlich immer und überall ...

Pikante kalte Suppen

Kalte Gurkensuppe
Für 4–6 Portionen 1–2 Salatgurken schälen, ein Stück zur Seite legen. Den Rest grob würfeln und mit 1 geschälten Knoblauchzehe, 2 EL Olivenöl, 800 g Sahnejoghurt und etwas Wasser pürieren. Die Mischung mit Salz, Pfeffer, Zucker und Zitronensaft würzen. Die restliche Gurke fein würfeln (oder Perlen ausstechen) und zusammen mit etwas gehacktem Dill über die Suppe streuen.
Tipp: Ganz edel wird es, wenn Sie die Suppe mit Lachsstreifen oder gegarten Shrimps servieren.

Schnelle Tomatensuppe
Für 4 Portionen 1 große Dose (800 g) geschälte Tomaten pürieren. 1–2 geschälte Knoblauchzehen dazupressen und die Suppe mit Salz, Pfeffer, Cayennepfeffer, Zucker und 1 Schuss Gin abschmecken. Zum Servieren auf jede Portion 1 Klecks saure Sahne und Basilikum geben.

Feines Lauchsüppchen
Für 2–3 Portionen von 400 g Lauch den hellen Teil in Ringe schneiden, einige davon für die Garnitur beiseite legen, den Rest in Butter andünsten. 1/2 l Hühnerfond (aus dem Glas) angießen und den Lauch darin etwa 8 Min. köcheln lassen. Die Suppe pürieren, mit Salz, Pfeffer und Zitronensaft würzen, kalt stellen. Die Suppe mit 100 g Räucherlachs in Streifen, den zurückbehaltenen Lauchringen und etwas Dill servieren.

Bowlen & Co.

Melonenbowle
Für 4 Liter Bowle je 1/2 Netz-, Kantalup-, Honig- und Wassermelone entkernen. Mit einem Kugelausstecher aus dem Fruchtfleisch Kugeln ausstechen und in ein Bowlengefäß geben. Die Melonenkugeln mit 4 cl Likör und 2 Flaschen (1,5 l) Weißwein ansetzen und kühl stellen. Vor dem Servieren 2 Flaschen (1,5 l) eiskalten Sekt dazugießen **(Step 1)**.
Tipp: Eilige würfeln das Melonenfruchtfleisch einfach.

OHNE ALKOHOL
Denken Sie beim Thema Bowlen auch an Kinder und Autofahrer und bereiten Sie idealerweise auch eine alkoholfreie Variante zu:
Die Melonenbowle etwa können Sie auch nur mit Apfel- oder Traubensaft zubereiten. Oder Sie probieren folgendes Rezept: 500 g Beeren mit 4 EL Zucker mischen, etwas ziehen lassen. Mit 2 Flaschen (2 l) rotem Johannisbeersaft, etwas Zitronensaft und Mineralwasser auffüllen.

Pfirsichbowle
Für 2 Liter Bowle von 1 kg Pfirsichen die Haut abziehen (Pfirsiche vorher überbrühen). Die Früchte entsteinen, klein würfeln und mit 2 cl Cognac, 1 Flasche (0,75 l) Riesling und 1 Stängel Minze in ein Bowlengefäß geben. Die Mischung kühl stellen und vor dem Servieren 1 Flasche (0,75 l) kalten Sekt zugießen **(Step 2)**.

Kalte Ente
Für 1,5 Liter 1 Flasche (0,75 l) halbtrockenen Weißwein in eine Glaskaraffe gießen. Von 1 unbehandelten gewaschenen Zitrone die Schale spiralförmig dünn abschälen und in den Wein hängen. Die Zitrone auspressen, den Saft sowie 2–3 Stück Würfelzucker in die Karaffe geben. Vor dem Servieren umrühren und mit 1 Flasche (0,75 l) kaltem Sekt aufgießen **(Step 3)**.

1   2   3

KALTE ZUGABEN – WÄRMSTENS EMPFOHLEN

Erfrischende Joghurt-Mixgetränke

Würziger Joghurtmix
Für 4 Portionen 300 g Vollmilchjoghurt mit etwas Wasser verdünnen und mit Salz und Pfeffer würzen. Gehackten Dill oder Koriander und Eiswürfel unterrühren.

Kräuter-Sodamix
Für 6 Portionen je 1/2 Bund Petersilie, Basilikum und Schnittlauch grob hacken, mit 600 g Joghurt im Mixer kurz pürieren. Mit Salz und Pfeffer würzen. In Gläser füllen, mit Sodawasser auffüllen und umrühren.

Birnen-Mix
Für 4 Portionen 1 reife Birne schälen und grob würfeln. Mit etwas Zitronensaft beträufeln und pürieren. Mit 1/4 l kalter Milch, 2 EL Schmelzflocken, 150 g Joghurt und 1 EL Ahornsirup gut verrühren.

Schnelles Dessert

Kirsch-Kaltschale
Für 12 Portionen 1 kg Sauerkirschen waschen und entsteinen. 1,5 l Wasser mit 1 Zimtstange, 2 Päckchen Vanillezucker und 150 g Zucker aufkochen. Die Kirschen und 45 g Sago einrühren. Das Ganze etwa 15 Min. sanft köcheln lassen, dann von der Kochstelle nehmen und ganz auskühlen lassen. Die Kirsch-Kaltschale mit Vanilleeis oder Sahne servieren.

1 2 3

Coole Sommerdrinks

Mojito (Klassiker aus Kuba)
Für 1 Drink 3 cl Limettensaft, 2 TL braunen Zucker, 8 frische Minzeblätter, 6 cl weißen Rum und reichlich zerstoßenes Eis in einem Glas verrühren. Mit Sodawasser auffüllen **(Step 1)**.

Portofino
Für 2 Gläser je 8 cl Portwein und Maracujanektar mit 2 cl Erdbeersirup und Eiswürfeln mixen, in Gläser gießen und mit Sekt auffüllen. Mit aufgespießten Melonenkugeln dekorieren.

Caribeau (alkoholfrei)
Für 4 dieser Fitnessdrinks das Fruchtfleisch von je 1 Papaya und Banane im Mixer mit 8 EL Orangen- oder Mulitvitaminsaft und 300 ml Buttermilch pürieren. Mit zerstoßenem Eis servieren.

Summertime (alkoholfrei)
Für 1 Drink je 2 cl Grenadinsirup und Zitronensaft mit gleichen Teilen Orangen- und Ananassaft sowie 2–3 Eiswürfeln in einem Longdrink-Glas verrühren **(Step 2)**.

Minz-Limo
Für 1 Glas 200 ml Limettensaft mit 4 EL Puderzucker in einem Longdrinkglas verrühren. 1 unbehandelte gewaschene Limette grob zerschneiden und zusamen mit den Blättern von 1 Minzestängel dazugeben. Die Limonade mit Mineralwasser und Eiswürfeln auffüllen.

Eistee
Schwarzen Tee oder Früchtetee kochen und erkalten lassen. Mit gut gekühltem Zitronen- und Orangensaft verrühren und mit Honig, Zucker oder Sirup süßen.

Eiskaffee
Für 4 Gläser 6 EL Instant-Kaffeepulver und 2 EL Kakaopulver in 3/4 l heißes Wasser rühren. 1/4 l kalte Milch und 1 Prise Zimtpulver unterrühren und die Mischung kalt stellen. Mit 1 Kugel Vanilleeis und einem Sahnehäubchen servieren **(Step 3)**.

REGISTER

Ananans
  Gefüllte Tacos 30
  Obstsalat mit Nusskrokant 52
Äpfel
  Apfel-Möhren-Salat 52
  Apfel-Schinken-Salat (Variante) 52
  Matjes-Carpaccio mit Apfel-Meerrettich 94
Avocado
  Avocadosalat mit Lachs 58
  Gefüllte Tacos 30
  Sushi-Tütchen mit Avocadodip 32

Bagel
  Chicken-Bagels 76
  Frische Bagels 74
  Lachs-Bagels 76
Bärlauch
  Bärlauchbutter 86
  Bärlauchpesto (Tipp) 98
Basics aus der Kalten Küche 115
Basilikum-Lachs-Platte 96
Belegtes Ciabattabrot 72
Bohnensalat 50
Borretschblüten (Tipp) 44
Brot
  Belegtes Ciabattabrot 72
  Brotparty 86
  Brotsalat 84
  Crostini-Platte 70
  Gefülltes Baguette 72
  Herzhafte Brot-Terrine 84
  Matjes- und Shrimpstaler 28
  Roastbeef-Rucola-Sandwiches 68
Bunte Kressebutter 86
Buntes Käsegebäck 82
Butter
  Bärlauchbutter 86
  Bunte Kressebutter 86
  Geformte Butter 95
  Harzer-Käse-Gehacktes 86
  Käsebutter 86
  Kaviarbutter 86
  Ölsardinen-Häckerle 86
  Rucolabutter 86
  Zitronenbutter 86

Cäsarsalat 48
Champignons
  Crostini-Platte 70
  Gourmetsalat 36
  Mangoldsalat mit Knoblauchcroûtons 42
  Nudel-Pilz-Salat 56
Chicken-Bagels 76
Crostini-Platte 70

Daikonkresse (Tipp) 12
Datteln: Gefüllte Datteln 34
Dekorieren von Platten 112

Eier
  Eier-Senf-Dip (Variante) 64
  Eier-Vinaigrette 64
  Ei-Kräuter-Sauce (Tipp) 90
  Gefüllte Eier 14
  Gurken-Canapés mit Kräuteromelett 8
  Rühreitoast (Variante) 20
  Würzige Soleier 60
Eingelegter Feta (Variante) 60
Eingelegter Ziegenkäse 60
Entenbrust: Sushi-Platte nach westlicher Art 102
Erdbeeren
  Früchte-Konfekt 34
  Spargelplatte 90
Exotischer Früchtesnack 26
Exotischer Käsesalat (Variante) 52

Feldsalat mit Kartoffeldressing 40
Fenchel
  Gefüllte Salatblätter 44
  Rohkost-Käse-Platte mit Dips 92
Fertigprodukte 114
Feta
  Eingelegter Feta (Variante) 60
  Gefüllte Tacos 30
  Gefüllte Tomaten 30
  Marinierte Zucchinihäppchen 10
  Rucolasalat mit Feta 40
Forellenfilet
  Forellen-Canapés 18
  Forellenmus 86
Frische Bagels 74
Frischkäse
  Forellen-Canapés 18
  Frischkäse- und Melonenkugeln 26
  Gefüllte Eier 14
  Gefüllte Salatblätter 44
  Gefülltes Baguette 72
  Kräcker-Platte 28
  Schinkenaufstrich 86
Früchte-Konfekt 34

Garnelen
  Garnelen mit Aioli 24
  Gefüllte Eier 14
  Matjes- und Shrimpstaler 28
  Sushi-Tütchen mit Avocadodip 32
Gefüllte Datteln 34

Gefüllte Eier 14
Gefüllte Lachsröllchen 18
Gefüllte Salatblätter 44
Gefüllte Tacos 30
Gefüllte Tomaten 30
Gefülltes Baguette 72
Gemischte Bratenplatte 104
Gemüse
  Gemüseplatte 100
  Gemüsesnacks 12
  Gemüse-Tofu-Wraps 22
  Geschnitztes Gemüse (Dekotipp) 102
  Italienische Vorspeisenplatte 98
Gerollter Parmaschinken 24
Gorgonzola: Löffelbüfett 16
Gourmetsalat 36
Grapefruit
  Gourmetsalat 36
  Obstsalat mit Nusskrokant 52
  Graved Lachs (Variante) 96
Gurke
  Gurken-Apfel-Salat auf rotem Chicorée 44
  Gurken-Canapés mit Kräuteromelett 8
  Gurkensalat 46
  Gurkensnacks mit Kräuterquark 8
  Tsatsiki 64

Hackfleisch: Herrenplatte 106
Hähnchenfleisch
  Chicken-Bagels 76
  Gourmetsalat 36
  Herrenplatte 106
  Pikanter Hähnchensalat 58
Harzer-Käse-Gehacktes 86
Heilbutt: Räucherfischplatte mit Makrelentatar 94
Herrenplatte 106
Herzhafte Brot-Terrine 84
Herzhafte Käseplatte 108
Herzhafter Kartoffelsalat 54
Himbeeren: Löffelbüfett 16
Internationale Käseplatte 108
Italienische Vorspeisenplatte 98

Kalbfleisch: Herrenplatte 106
Kalte Zugaben 116
Kartoffeln
  Feldsalat mit Kartoffeldressing 40
  Herzhafter Kartoffelsalat 54
  Kartoffel-Knoblauch-Paste (Variante) 64
  Kartoffeln mit Matjessalat und Rucola 54

Käse
  Buntes Käsegebäck 82
  Harzer-Käse-Gehacktes 86
  Herzhafte Brot-Terrine 84
  Herzhafte Käseplatte 108
  Internationale Käseplatte 108
  Käseblüten (Dekotipp) 31
  Käsebutter 86
  Käsespiralen (Variante) 82
  Kräcker-Platte 28
  Obatzder 86
  Rohkost-Käse-Platte mit Dips 92
Kaviar
  Löffelbüfett 16
  Kaviarbutter 86
  Kaviarherzen 20
  Zuckerschoten-Fingerfood 12
Kiwi
  Früchte-Konfekt 34
  Obstsalat mit Nusskrokant 52
Knoblauch
  Garnelen mit Aioli 24
  Kartoffel-Knoblauch-Paste (Tipp) 64
  Knoblauch-Oliven (Variante) 62
  Knoblauchpesto (Tipp) 98
  Pikant eingelegter Knoblauch 62
  Wachteleier-Sticks mit Knoblauchmayonnaise 14
Kopfsalat mit Wildkräutern 38
Kräcker-Platte 28
Kräuter
  Gurken-Canapés mit Kräuteromelett 8
  Gurkensnacks mit Kräuterquark 8
  Kopfsalat mit Wildkräutern 38
  Kräuterquark 86
  Kresse: Bunte Kressebutter 86
Küchenhelfer 110
Kumquats: Früchte-Konfekt 34

Lachs
  Avocadosalat mit Lachs 58
  Basilikum-Lachs-Platte 96
  Gefüllte Lachsröllchen 18
  Lachs-Bagels 76
  Löffelbüfett 16
  Sushi-Platte nach westlicher Art 102
  Zuckerschoten-Fingerfood 12
Litschis: Obstsalat mit Nusskrokant 52
Löffelbüfett 16

REGISTER

M
Macadamia-Nüsse: Rohkost-Käse-Platte mit Dips 92
Makrelen: Räucherfischplatte mit Makrelentatar 94
Mango
Gourmetsalat 36
Rohkost-Käse-Platte mit Dips 92
Schinkenplatte mit Früchten 88
Sushi-Platte nach westlicher Art 102
Mangold
Mangoldsalat mit Knoblauchcroûtons 42
Mangold-Sushi 32
Marinierte Zucchinihäppchen 10
Matjes
Kartoffeln mit Matjessalat und Rucola 54
Matjes- und Shrimpstaler 28
Matjes-Carpaccio mit Apfel-Meerrettich 94
Melone
Exotischer Früchtesnack 26
Frischkäse- und Melonenkugeln 26
Italienische Vorspeisenplatte 98
Obstsalat mit Nusskrokant 52
Schinkenplatte mit Früchten 88
Möhren
Apfel-Möhren-Salat 52
Gerollter Parmaschinken 24
Rohkost-Käse-Platte mit Dips 92
Mozzarella
Belegtes Ciabattabrot 72
Gefüllte Tomaten 30
Marinierte Zucchinihäppchen 10

N
Nudel-Pilz-Salat 56

O
Obatzder 86
Obstsalat mit Nusskrokant 52
Oliven
Crostini-Platte 70
Knoblauch-Oliven (Variante) 62
Ölsardinen-Häckerle 86
Orangen: Obstsalat mit Nusskrokant 52

P/Q
Papaya
Exotischer Früchtesnack 26
Schinkenplatte mit Früchten 88
Paprikaschoten
Brotsalat 84
Rohkost-Käse-Platte mit Dips 92
Sushi-Platte nach westlicher Art 102
Physalis: Früchte-Konfekt 34
Pikant eingelegter Knoblauch 62
Pikanter Apfelsalat (Variante) 52
Pikanter Hähnchensalat 58
Platten anrichten (Tipp) 110, 111
Quark
Gurkensnacks mit Kräuterquark 8
Kräuterquark 86

R
Radicchio: Rohkost-Käse-Platte mit Dips 92
Radieschen
Gemüsesnacks 12
Kräuterquark 86
Radieschenknospen (Dekotipp) 105
Räucherfischplatte mit Makrelentatar 94
Rettich: Sauerkraut-Kim-chi-Salat 48
Roastbeef
Gemischte Bratenplatte 104
Kräcker-Platte 28
Roastbeef (Tipp) 104
Roastbeef-Rucola-Sandwiches 68
Rohkost-Käse-Platte mit Dips 92
Roquefort: Gemüsesnacks 12
Rosmarinkekse (Variante) 80
Rote Beten
Kartoffeln mit Matjessalat und Rucola 54
Kaviarherzen 20
Rote-Beten-Carpaccio (Variante) 42
Rote-Beten-Salat 42
Rucola
Kartoffeln mit Matjessalat und Rucola 54
Roastbeef-Rucola-Sandwiches 68
Rucolabutter 86
Rucolasalat mit Feta 40
Rühreitoast (Variante) 20
Russische Eier (Variante) 14
Rustikale Wurstplatte 104

S
Salami
Exotischer Früchtesnack 26
Gefülltes Baguette 72
Italienische Vorspeisenplatte 98
Salat aus Wachsbohnen (Variante) 50
Sandwiches im Brotkasten 66
Sardellen
Cäsarsalat 48
Crostini-Platte 70
Sardinen
Ölsardinen-Häckerle 86
Sushi-Platte nach westlicher Art 102
Sauerkraut-Kim-chi-Salat 48
Schillerlocken: Räucherfischplatte mit Makrelentatar 94
Schinken
Exotischer Früchtesnack 26
Frischkäse- und Melonenkugeln 26
Gefülltes Baguette 72
Gerollter Parmaschinken 24
Herzhafte Brot-Terrine 84
Italienische Vorspeisenplatte 98
Löffelbüfett 16
Sandwiches im Brotkasten 66
Schinkenaufstrich 86
Schinkenplatte mit Früchten 88
Zucchini-Schinkenröllchen 10
Schnelle Partybrötchen 80
Schweinebraten (Tipp) 104
Serviergeschirr (Tipp) 111
Sonnenblumenbrötchen 80
Spargelplatte 90
Spinat
Gemüseplatte 100
Spinatsalat 38
Spinat-Ziegenkäse-Wraps 22
Staudensellerie
Brotsalat 84
Gefüllte Salatblätter 44
Gemüsesnacks 12
Rohkost-Käse-Platte mit Dips 92
Surimi (Tipp) 32
Sushi-Platte nach westlicher Art 102
Sushi-Tütchen mit Avocadodip 32
Süße Senfsauce (Tipp) 96
Süßsauer eingelegte Zucchini 62

T
Tofu: Gemüse-Tofu-Wraps 22
Tomaten
Avocadosalat mit Lachs 58
Brotsalat 84
Crostini-Platte 70
Gefüllte Tomaten 30
Mangoldsalat mit Knoblauchcroûtons 42
Spinatsalat 38
Tomaten häuten (Tipp) 58
Tomaten-Gurken-Salat (Variante) 46
Tomatenrosette (Dekotipp) 59
Tomatensalat 46
Wachteleier-Sticks mit Knoblauchmayonnaise 14
Tortillas
Spinat-Ziegenkäse-Wraps 22
Tortillas kaufen, füllen, selbst backen (Tipp) 20
Zucchini-Wraps 20
Toskanisches Landbrot 78
Tsatsiki 64
Tunfisch
Gefüllte Tomaten 30
Tunfisch-Sandwiches 68

V
Vitello tonnato (Variante) 106
Vollkornstangen 74

W
Wachteleier-Sticks mit Knoblauchmayonnaise 14
Walnuss-Sauce (Tipp) 90
Wasabi-Dip (Tipp) 32
Wildkräuter (Tipp) 38
Wurst
Italienische Vorspeisenplatte 98
Rustikale Wurstplatte 104
Spinat-Ziegenkäse-Wraps 22
Wurstsalat 56
Würzige Soleier 60

Z
Ziegenkäse
Eingelegter Ziegenkäse 60
Gefüllte Datteln 34
Gemüsesnacks 12
Spinat-Ziegenkäse-Wraps 22
Zitronenbutter 86
Zucchini
Marinierte Zucchinihäppchen 10
Süßsauer eingelegte Zucchini 62
Zucchini-Schinkenröllchen 10
Zucchini-Wraps 20
Zuckerschoten
Zuckerschoten-Fingerfood 12
Zuckerschotensalat 50

Impressum

© 2002 Gräfe und Unzer Verlag GmbH, München.
Alle Rechte vorbehalten. Nachdruck, auch auszugsweise, sowie Verbreitung durch Bild, Funk, Fernsehen und Internet, durch fotomechanische Wiedergabe, Tonträger und Datenverarbeitungssysteme jeder Art nur mit schriftlicher Genehmigung des Verlages.

Redaktionsleitung: Birgit Rademacker
Redaktion: Alessandra Redies
Lektorat: Claudia Schmidt
Foodfotografie: Jörn Rynio
Umschlaggestaltung: independent Medien-Design
Herstellung: Petra Roth
Satz: Johannes Kojer, München
Reproduktion: Repro Schmidt, Dornbirn/Austria
Druck: Appl
Bindung: Monheim

ISBN 3-7742-4911-3

Auflage   5.   4.   3.   2.   1.
Jahr   2006 05   04   03   02

Abkürzungen

TL = Teelöffel
EL = Esslöffel
Msp. = Messerspitze
TK = Tiefkühl-
kcal = Kilokalorien
EW = Eiweiß
F = Fett
KH = Kohlenhydrate

Die Temperaturstufen bei Gasherden variieren von Hersteller zu Hersteller. Welche Stufe Ihres Herdes der jeweils angegebenen Temperatur entspricht, entnehmen Sie bitte der Gebrauchsanweisung.

Die Autorin

Gudrun Ruschitzka lernte das Kochhandwerk von der Pike auf und legte erfolgreich den Facharbeiterbrief als Köchin ab. Doch die Welt der Gastronomie tauschte sie bald mit der der Bücher und begann ein Studium an der Bibliothekarschule in Leipzig. Als Diplom-Bibliothekarin arbeitete sie in verschiedenen Berliner Bibliotheken, bevor sie nach einigen Semestern Kunstgeschichte an der Uni München beim Lufthansa Party Service begann. Wie ein roter Faden zieht sich die Formel »Köchin + Bibliothekarin = Kochbuchautorin« durch ihr Leben: Für Familie und Freunde kocht und bäckt sie mit Leidenschaft, Bücher und Reisen sind ihre Hobbys, und neben ihrer Tätigkeit bei Lufthansa schreibt sie erfolgreich Kochbücher für GU.

Der Fotograf

Für **Jörn Rynio** ist die fotografische Umsetzung von kulinarischen Themen Herzenssache. Die Fotos für dieses Buch entstanden in seinem Hamburger Studio. Nationale und internationale Illustrierte, Buchverlage und Werbeagenturen zählen zu seinen Auftraggebern. Natürlich gehört dazu auch ein gutes Team: Herzlichen Dank an die Foodstylisten Petra Speckmann, Hermann Rottmann und den Assistenten Marcel Brömling.

Die Stylistin

Michaela Suchy war erst hinter der Kamera tätig, bevor sie vor 12 Jahren begann, Themen »rund um den Tisch« vor der Kamera zu arrangieren. Die Requisitengestaltung für dieses Buch trägt ihre Handschrift. Als freiberufliche Stylistin in Hamburg arbeitet und verantwortet sie überwiegend Fotoproduktionen führender Zeitschriften und Verlage.

Das Original mit Garantie

Ihre Meinung ist uns wichtig. Deshalb möchten wir Ihre Kritik, gerne aber auch Ihr Lob erfahren. Um als führender Ratgeberverlag für Sie noch besser zu werden. Darum: Schreiben Sie uns!
leserservice@graefe-und-unzer.de
Wir freuen uns auf Ihre Post und wünschen Ihnen viel Spaß mit Ihrem GU-Ratgeber.

Unsere Garantie: Sollte ein GU-Ratgeber einmal einen Fehler enthalten, schicken Sie uns das Buch mit einem kleinen Hinweis und der Quittung innerhalb von sechs Monaten nach dem Kauf zurück. Wir tauschen Ihnen den GU-Ratgeber gegen einen anderen zum gleichen oder ähnlichen Thema um.

Ihr Gräfe und Unzer Verlag
Redaktion Kochen
Postfach 86 03 25
81630 München
Fax: 0 89/4 19 81 - 113